Okusi Mediterana 2023

Recepti iz kuhinja sunčanih obala

Mia Petrović

Sadržaj

plodovi mora linguine 9

Užitak od škampa od đumbira i rajčice 11

Tjestenina sa škampima 14

Kuhani bakalar 16

Dagnje u bijelom vinu 18

kopar losos 20

Glatki losos 22

tuna melodija 23

morski sir 24

Zdravi odrezak 25

biljni losos 26

Dimljena glazirana tunjevina 27

hrskavi iverak 28

Tuna 29

Topli i svježi riblji odrezak 29

Dagnje O' Marine 31

Mediteranska pečena govedina u sporom kuhanju 32

Mediteranska govedina u sporom kuhanju s artičokama 34

Mršavo pečenje u loncu u mediteranskom stilu za sporo kuhanje 36

Mesne okruglice za sporo kuhanje 38

Hoagies od mediteranske govedine u sporom kuhanju 40

Mediteranska pečena svinjetina 42

mesna pizza 44

Mesne okruglice od goveđeg bulgura 47

ukusna govedina i brokula 49

Goveđi kukuruzni papar 50

Balzamično teleće jelo 51

Pečena govedina sa soja umakom 53

Pečena govedina s ružmarinom 55

Svinjski kotleti i umak od rajčice 57

Piletina s umakom od kapara 58

Pureći burger sa salsom od manga 60

Pureća prsa sa začinskim biljem 62

Pileća kobasica i paprika 64

piletina saute 66

Toskanska piletina u jednoj tavi 68

Navlaka za piletinu 70

Pileća prsa punjena špinatom i feta sirom 72

Pileći bataci zapečeni s ružmarinom 74

Piletina s lukom, krumpirom, smokvama i mrkvom 75

Pileći doner s Tzatzikijem 77

Musaka 79

Dijon i grass svinjski file 81

Odrezak s umakom od gljiva s crnim vinom 83

Grčke mesne okruglice 86

Janjetina s grahom 88

Piletina s umakom od rajčice i balzamikom 90

Smeđa riža, feta sir, svježi grašak i salata od mente 92

Pita kruh od cjelovitih žitarica punjen maslinama i slanutkom 94

Pečena mrkva s orasima i cannellini grahom 96

Začinjena piletina s maslacem 98

Dupla piletina sa slaninom i sirom ... 100
Limun i papar škampi ... 102
Pohani i začinjeni iverak ... 104
Losos s curryjem od senfa ... 106
Losos s ljuskom oraha i ružmarina ... 107
Brzi špageti od rajčice ... 109
Papar timijan pečeni sir ... 111
311. Hrskava talijanska piletina ... 111
Muffini za pizzu od kvinoje ... 113
Kruh od ružmarina i oraha ... 115
ukusni panini od rakova ... 118
Izvrsna pizza i torta ... 120
Margherita Mediteranski model ... 122
Prijenosni pakirani komadi za piknik ... 125
Fritata punjena ukusnim tikvicama i umakom od rajčice ... 126
Banana kruh s vrhnjem ... 128
Domaća pita kruh ... 130
sendviči s vaflima ... 132
Mezze tanjur s tostiranim Zaatar pita kruhom ... 134
Mini shawarma s piletinom ... 136
pizza od patlidžana ... 138
Mediteranska integralna pizza ... 140
Špinat i bijela pita zapečena ... 141
Bijela lubenica i balzamična pizza ... 143
Burgeri s miješanim začinima ... 144
Sendviči od pršuta - zelene salate - rajčice i avokada ... 146
Tart od špinata ... 148

Bijeli pileći burgeri	150
Pečena svinjetina za tacose	152
Talijanski kolač od jabuka i maslinovog ulja	154
Brza tilapija s crvenim lukom i avokadom	156
Riba na žaru s limunom	158
Tjedan navečer Frying Riblja večera	160
Hrskavi riblji štapići od palente	162
Pan-losos večera	164
Toskanski burgeri od tune i tikvica	166
Zdjela od sicilijanskog kupusa i tune	168
Mediteranski gulaš od bakalara	170
Dagnje kuhane na pari u umaku od bijelog vina	172
Škampi s narančom i češnjakom	174
Pečeni škampi-njoki zapečeni	176
Začinjena Puttanesca od kozica	178
Talijanski sendviči s tunom	180
Oblozi od salate od kopra i lososa	182
Pizza pita od bijelih kamenica	184
Riblje jelo od pečenog graha	186
Tepsija od bakalara od gljiva	187
ljuta sabljarka	189
ludost za tjesteninom od inćuna	191
Tjestenina s škampima i češnjakom	192
Losos s octom i medom	194
Narančasti riblji obrok	195
Škamp	196
Šparoge od pastrve	197

Kelj Maslina Tunjevina 199

Oštre kozice s ružmarinom 201

šparoge losos 203

Salata od tune i lješnjaka 204

Krem juha od kozica 206

Začinjeni losos s kvinojom i povrćem 208

Jabučna gorušica 210

Njoki od kozica 212

Saganaki od škampa 214

Mediteranski losos 216

plodovi mora linguine

Vrijeme pripreme: 10 minuta

Vrijeme za kuhanje: 35 minuta

Porcija: 2

Razina težine: teško

Sadržaj:

- 2 režnja češnjaka, nasjeckana
- 4 unce Linguine, integralne pšenice
- 1 žlica maslinovog ulja
- 14 unci rajčice, konzervirane i nasjeckane
- 1/2 žlice luka, nasjeckanog
- 1/4 šalice bijelog vina
- Morska sol i crni papar po ukusu
- 6 očišćenih kamenica trešnje
- 4 unce tilapije narezane na trake od 1 inča
- 4 unce suhih jakobovih kapica
- 1/8 šalice naribanog parmezana
- 1/2 žličice mažurana, nasjeckanog i svježeg

upute:

Zakuhajte vodu u loncu, a zatim kuhajte tjesteninu dok ne omekša, što će trajati oko osam minuta. Isperite tjesteninu nakon što je ocijedite.

Zagrijte ulje u velikoj tavi na srednje jakoj vatri, a zatim kada se ulje zagrije, umiješajte češnjak i ljutiku. Kuhajte minutu i često miješajte.

Pojačajte vatru na srednje jaku prije nego što dodate sol, vino, papar i rajčice i pustite da zavrije. Kuhajte još minutu.

Zatim dodajte svoje kamenice, poklopite i kuhajte još dvije minute.

Zatim dodajte mažuran, jakobove kapice i ribu. Nastavite kuhati dok riba ne bude potpuno kuhana i vaše školjke se otvore, što može potrajati i do pet minuta i riješiti se školjki koje se ne otvaraju.

Prije posluživanja tjesteninu pospite parmezanom i mažuranom te prelijte umakom i kamenicama. Poslužite vruće.

Hranjivost (na 100 g): 329 kalorija 12 g masti 10 g ugljikohidrata 33 g proteina 836 mg natrija

Užitak od škampa od đumbira i rajčice

Vrijeme pripreme: 10 minuta

Vrijeme za kuhanje: 15 minuta

Porcija: 2

Razina težine: teško

Sadržaj:

- 1 1/2 žlice biljnog ulja
- 1 češanj češnjaka, mljevenog
- 10 škampa, vrlo velikih, oguljenih i otvorenih repova
- 3/4 žlice prstiju naribanih i oguljenih
- 1 zelena rajčica, prepolovljena
- 2 rajčice šljive, prepolovljene
- 1 žlica soka od limuna, svježeg
- 1/2 žličice šećera
- 1/2 žlice Jalapeno sjemenki, svježih i nasjeckanih
- 1/2 žlice bosiljka, svježeg i nasjeckanog
- 1/2 žlice korijandera, nasjeckanog i svježeg
- 10 Ražnjići
- Morska sol i crni papar po ukusu

upute:

Ražnjiće namočite u lonac s vodom najmanje pola sata.

Pomiješajte češnjak i đumbir u zdjeli, pola prebacite u veću zdjelu i pomiješajte s dvije žlice svog ulja. Dodajte škampe i provjerite da li su dobro obloženi.

Pokrijte ga i ostavite u hladnjaku najmanje pola sata, a zatim ostavite da se ohladi.

Zagrijte roštilj na jakoj vatri, a rešetke malo namažite uljem. U zdjeli začinite šljive i zelene rajčice preostalom žlicom ulja, soli i paprom.

Pecite rajčice s prerezanom stranom prema gore, kora im treba biti pečena. Meso vaših rajčica treba biti mekano, trebat će vam oko četiri do šest minuta za rajčicu šljivu i oko deset minuta za zelenu rajčicu.

Kad se rajčice dovoljno ohlade da se njima može rukovati, uklonite im kožicu, a zatim bacite sjemenke. Rajčice nasjeckajte na sitno, dodajte ih đumbiru i češnjaku koje ste rezervirali. Dodajte šećer, jalapeno, limunov sok i bosiljak.

Posolite i popaprite škampe, a zatim pecite na roštilju dok ne postanu prozirni, oko dvije minute sa svake strane. Stavite škampe na tanjur po svom ukusu i dobar tek.

Hranjivost (na 100 g): 391 kalorija 13 g masti 11 g ugljikohidrata 34 g proteina 693 mg natrija

Tjestenina sa škampima

Vrijeme pripreme: 10 minuta

Vrijeme za kuhanje: 10 minuta

Porcija: 2

Razina težine: prosječna

Sadržaj:

- 2 šalice kuhane tjestenine za anđeosku kosu
- 1/2 lb. Srednji škampi, oguljeni
- 1 češanj češnjaka, mljevenog
- 1 šalica nasjeckanih rajčica
- 1 žličica maslinovog ulja
- 1/6 šalice Kalamata maslina, izvađene jezgre i nasjeckane
- 1/8 šalice bosiljka, svježeg i tanko narezanog
- 1 žlica kapara, ocijeđenih
- 1/8 šalice feta sira, izmrvljenog
- Linija Crni papar

upute:

Skuhajte tjesteninu prema uputama na pakiranju, a zatim zagrijte maslinovo ulje u tavi na srednje jakoj vatri. Kuhajte češnjak pola minute i zatim dodajte škampe. Pirjajte još jednu minutu.

Dodajte bosiljak i rajčice, a zatim smanjite vatru i kuhajte tri minute. Vaše rajčice trebaju biti mekane.

Pomiješajte masline i kapare. Dodajte prstohvat crnog papra i pomiješajte mješavinu škampa i tjesteninu za posluživanje. Po vrhu pospite sir prije posluživanja vruće.

Hranjivost (na 100 g): 357 kalorija 11 g masti 9 g ugljikohidrata 30 g proteina 871 mg natrija

Kuhani bakalar

Vrijeme pripreme: 10 minuta

Vrijeme za kuhanje: 25 minuta

Porcija: 2

Razina težine: prosječna

Sadržaj:

- 2 fileta bakalara, 6 unci
- Morska sol i crni papar po ukusu
- 1/4 šalice suhog bijelog vina
- 1/4 šalice plodova mora
- 2 režnja češnjaka, mljevena
- 1 list lovora
- 1/2 žličice kadulje, svježe i nasjeckane
- 2 grančice ružmarina za ukrašavanje

upute:

Započnite uključivanjem pećnice na 375, a zatim začinite filete solju i paprom. Stavite ih na lim za pečenje i dodajte juhu, češnjak, vino, kadulju i lovorov list. Dobro poklopite i kuhajte dvadesetak minuta. Vaša bi se riba trebala ljuštiti kada je isprobate vilicom.

Spatulom izvadite svaki filet, stavite tekućinu na jaku vatru i kuhajte da se reducira na pola. To traje desetak minuta i morate ga često miješati. Poslužite tako da pokapate u tekućinu od kuhanja i ukrasite grančicom ružmarina.

Hranjivost (na 100 g): 361 kalorija 10 g masti 9 g ugljikohidrata 34 g proteina 783 mg natrija

Dagnje u bijelom vinu

Vrijeme pripreme: 5 minuta
Vrijeme za kuhanje: 10 minuta
Porcija: 2
Razina težine: teško

Sadržaj:

- 2 lbs. Žive dagnje, svježe
- 1 čaša suhog bijelog vina
- 1/4 žličice sitne morske soli
- 3 režnja češnjaka, mljevena
- 2 žličice luka, nasjeckanog
- 1/4 šalice peršina, svježeg i nasjeckanog, podijeljenog
- 2 žlice maslinovog ulja
- 1/4 limuna, sočan

upute:

Izvadite školjke iz cjedila i isperite ih hladnom vodom. Odbacite sve dagnje koje se ne zatvore ako ih udarite, a zatim nožem za guljenje odstranite bradu svake.

Izvadite iz tave, stavite na srednje jaku vatru i dodajte češnjak, ljutiku, vino i peršin. Pustite da prokuha. Kad počne kuhati, dodajte svoje dagnje i ugasite vatru. Neka se krčkaju pet do sedam minuta. Pazite da se ne prepeku.

Izvadite ih šupljikavom žlicom i dodajte sok od limuna i maslinovo ulje u lonac. Dobro promiješajte i prelijte vodu preko dagnji prije posluživanja s peršinom.

Hranjivost (na 100 g): 345 kalorija 9 g masti 18 g ugljikohidrata 37 g proteina 693 mg natrija

kopar losos

Vrijeme pripreme: 10 minuta
Vrijeme za kuhanje: 15 minuta
Porcija: 2
Razina težine: prosječna

Sadržaj:

- 2 fileta lososa, svaki od 6 unci
- 1 žlica maslinovog ulja
- 1/2 mandarine, sočne
- 2 žličice narančine korice
- 2 žlice kopra, svježeg i nasjeckanog
- Morska sol i crni papar po ukusu

upute:

Pripremite pećnicu na 375 stupnjeva i zatim uklonite dva komada folije od deset inča. Svaki file premažite maslinovim uljem s obje strane prije nego što ga začinite solju i paprom tako da svaki file stavite na komad folije.

Svaku pokapajte sokom od naranče, a zatim stavite narančinu koricu i kopar. Zatvorite omot pazeći da unutar folije ima dva inča zračnog prostora kako bi se riba mogla kuhati na pari, a zatim stavite na lim za pečenje.

Pecite petnaestak minuta prije otvaranja pakiranja i prebacite na dva tanjura za posluživanje. Svaki prije posluživanja prelijte umakom.

Hranjivost (na 100 g): 366 kalorija 14 g masti 9 g ugljikohidrata 36 g proteina 689 mg natrija

Glatki losos

Vrijeme pripreme: 8 minuta
Vrijeme za kuhanje: 8 minuta
Porcija: 2
Razina težine: lako

Sadržaj:

- Losos, 6 unci fileta
- Limun, 2 kriške
- Kapari, 1 žlica
- Morska sol i papar, 1/8 žličice
- Ekstra djevičansko maslinovo ulje, 1 žlica

upute:

Čistu tavu stavite na srednju vatru da se priprema 3 minute. Stavite maslinovo ulje na tanjur i potpuno premažite losos. Skuhajte losos u tavi na jakoj vatri.

Nadjenite losos ostalim sastojcima i okrenite ga da se peče sa svih strana. Primijetite da su obje strane smeđe. Može potrajati 3-5 minuta sa svake strane. Provjerite je li losos pečen tako da ga isprobate vilicom.

Poslužite s kriškama limuna.

Hranjivost (na 100 g): 371 kalorija 25,1 g masti 0,9 g ugljikohidrata 33,7 g bjelančevina 782 mg natrija

tuna melodija

Vrijeme pripreme: 20 minuta

Vrijeme za kuhanje: 20 minuta

Porcija: 2

Razina težine: lako

Sadržaj:

- Tuna, 12 unci
- Zeleni luk, za ukras 1
- Paprika, ¼, nasjeckana
- Ocat, 1 crtica
- Papar i sol po ukusu
- Avokado, 1, prepolovljen i bez koštice
- Grčki jogurt, 2 žlice

upute:

U zdjeli pomiješajte tunu s octom, lukom, jogurtom, avokadom i paprom.

Dodajte začine, promiješajte i poslužite s ukrasom od zelenog luka.

Hranjivost (na 100 g): 294 kalorije 19 g masti 10 g ugljikohidrata 12 g proteina 836 mg natrija

morski sir

Vrijeme pripreme: 12 minuta
Vrijeme za kuhanje: 25 minuta
Porcija: 2
Razina težine: lako

Sadržaj:

- Losos, 6 unci fileta
- Osušeni bosiljak, 1 žlica
- Sir, 2 žlice, ribani
- Rajčice, 1, narezane na kriške
- Ekstra djevičansko maslinovo ulje, 1 žlica

upute:

Pripremite pećnicu na 375 F. Na lim za pečenje stavite aluminijsku foliju i poprskajte je uljem. Pažljivo prebacite losos na lim za pečenje i nadjenite ga preostalim sastojcima.

Pustite da losos porumeni 20 minuta. Pustite da se ohladi pet minuta i prebacite na tanjur za posluživanje. Vidjet ćete vrh lososa u sredini.

Hranjivost (na 100 g): 411 kalorija 26,6 g masti 1,6 g ugljikohidrata 8 g bjelančevina 822 mg natrija

Zdravi odrezak

Vrijeme pripreme: 10 minuta
Vrijeme za kuhanje: 20 minuta
Porcija: 2
Razina težine: lako

Sadržaj:

- Maslinovo ulje, 1 žličica
- Odrezak od iverka, 8 unci
- Češnjak, ½ žličice, mljeveno
- Maslac, 1 žlica
- Papar i sol po ukusu

upute:

Zagrijte tavu i dodajte ulje. Na srednje jakoj vatri u tavi ispecite odreske, otopite maslac sa češnjakom, soli i paprom. Dodajte odreske, promiješajte i poslužite.

Hranjivost (na 100 g): 284 kalorije 17 g masti 0,2 g ugljikohidrata 8 g bjelančevina 755 mg natrija

biljni losos

Vrijeme pripreme: 8 minuta
Vrijeme za kuhanje: 18 minuta
Porcija: 2
Razina težine: lako

Sadržaj:

- Losos, 2 fileta bez kože
- krupna sol po ukusu
- Ekstra djevičansko maslinovo ulje, 1 žlica
- Limun, 1, narezan na kriške
- Svježi ružmarin, 4 grančice

upute:

Zagrijte pećnicu na 400F. Stavite aluminijsku foliju na lim za pečenje i stavite losos na vrh. Losos napunite ostalim sastojcima i kuhajte 20 minuta. Poslužite odmah s kriškama limuna.

Hranjivost (na 100 g): 257 kalorija 18 g masti 2,7 g ugljikohidrata 7 g bjelančevina 836 mg natrija

Dimljena glazirana tunjevina

Vrijeme pripreme: 35 minuta
Vrijeme za kuhanje: 10 minuta
Porcija: 2
Razina težine: lako

Sadržaj:

- Tuna, odrezak od 4 unce
- Sok od naranče, 1 žlica
- Mljeveni češnjak, ½ režnja
- Sok od limuna, ½ žličice
- Svježi peršin nasjeckani 1 žlica
- Soja umak, 1 žlica
- Ekstra djevičansko maslinovo ulje, 1 žlica
- Mljeveni crni papar, ¼ žličice
- Majčina dušica, ¼ žličice

upute:

Odaberite posudu za miješanje i dodajte sve sastojke osim tune. Dobro promiješajte pa dodajte tunu da se marinira. Ovu smjesu držite u hladnjaku pola sata. Zagrijte grill tavu i pecite tunu sa svake strane 5 minuta. Poslužite kad je kuhano.

Hranjivost (na 100 g): 200 kalorija 7,9 g masti 0,3 g ugljikohidrata 10 g bjelančevina 734 mg natrija

hrskavi iverak

Vrijeme pripreme: 20 minuta

Vrijeme za kuhanje: 15 minuta

Porcija: 2

Razina težine: lako

Sadržaj:

- peršin na vrhu
- Svježi kopar, 2 žlice nasjeckanog
- Svježi korijander, 2 žlice nasjeckanog
- Maslinovo ulje, 1 žlica
- Papar i sol po ukusu
- Halibut, filet, 6 unci
- Limunova korica, ½ žličice, sitno naribana
- Grčki jogurt, 2 žlice

upute:

Zagrijte pećnicu na 400F. Lim za pečenje obložite folijom. Sve sastojke dodajte u veliki tanjur i marinirajte filete. isperite i osušite filete; Zatim ga stavite u pećnicu i pecite 15 minuta.

Hranjivost (na 100 g): 273 kalorije 7,2 g masti 0,4 g ugljikohidrata 9 g bjelančevina 783 mg natrija

Tuna

Vrijeme pripreme: 15 minuta
Vrijeme za kuhanje: 10 minuta
Porcija: 2
Razina težine: lako

Sadržaj:

- Jaje, ½
- Luk, 1 žlica, sitno nasjeckan
- Celer na vrhu
- Papar i sol po ukusu
- Češnjak, 1 češanj, mljeveno
- Konzervirana tuna, 7 unci
- Grčki jogurt, 2 žlice

upute:

Tunu ocijedite i dodajte jaje i jogurt s češnjakom, sol i papar.

U zdjeli pomiješajte ovu smjesu s lukom i oblikujte ćufte. Uzmite veliku tavu i pržite mesne okruglice 3 minute sa svake strane. Procijedite i poslužite.

Hranjivost (na 100 g): 230 kalorija 13 g masti 0,8 g ugljikohidrata 10 g bjelančevina 866 mg natrija

Topli i svježi riblji odrezak

Vrijeme pripreme: 14 minuta

Vrijeme za kuhanje: 14 minuta

Porcija: 2

Razina težine: lako

Sadržaj:

- Češnjak, 1 češanj, mljeveno
- Sok od limuna, 1 žlica
- Smeđi šećer, 1 žlica
- Odrezak iverka, 1 funta
- Papar i sol po ukusu
- Soja umak, ¼ žličice
- Maslac, 1 žličica
- Grčki jogurt, 2 žlice

upute:

Zagrijte roštilj na srednje jakoj vatri. U zdjeli pomiješajte maslac, šećer, jogurt, sok od limuna, sojin umak i začine. Zagrijte smjesu u tavi. Ovom smjesom premažite odreske prilikom pečenja. Poslužite vruće.

Hranjivost (na 100 g): 412 kalorija 19,4 g masti 7,6 g ugljikohidrata 11 g bjelančevina 788 mg natrija

Dagnje O' Marine

Vrijeme pripreme: 20 minuta
Vrijeme za kuhanje: 10 minuta
Porcija: 2
Razina težine: lako

Sadržaj:

- Dagnje, očišćene i bez brade, 1 funta
- Kokosovo mlijeko, ½ šalice
- kajenski papar, 1 žličica
- Svježi sok od limuna, 1 žlica
- Češnjak, 1 žličica, mljeveno
- Korijander, svježe nasjeckan za preljev
- Smeđi šećer, 1 žličica

upute:

Pomiješajte sve sastojke osim dagnji u loncu. Zagrijte smjesu i zakuhajte. Dodajte dagnje, kuhajte 10 minuta. Poslužite na tanjuru uz kipuću tekućinu.

Hranjivost (na 100 g): 483 kalorije 24,4 g masti 21,6 g ugljikohidrata 1,2 g bjelančevina 499 mg natrija

Mediteranska pečena govedina u sporom kuhanju

Vrijeme pripreme: 10 minuta
Vrijeme za kuhanje: 10 sati i 10 minuta
Porcije: 6
Razina težine: prosječna

Sadržaj:

- 3 funte Chuck pečena, bez kostiju
- 2 žličice ružmarina
- ½ šalice rajčica, osušenih na suncu i nasjeckanih
- 10 češnjeva ribanog češnjaka
- ½ šalice goveđe juhe
- 2 žlice balzamičnog octa
- ¼ šalice nasjeckanog talijanskog peršina, svježeg
- ¼ šalice nasjeckanih maslina
- 1 žličica limunove korice
- ¼ šalice krupice od sira

upute:

Stavite češnjak, sušene rajčice i govedinu u sporo kuhalo. Dodajte juhu i ružmarin. Lonac poklopiti i lagano kuhati 10 sati.

Nakon kuhanja izvadite meso i nasjeckajte mljeveno meso. Bacite ulje. Vratite mljeveno meso u lonac i kuhajte 10 minuta. U maloj posudi pomiješajte koricu limuna, peršin i masline. Stavite smjesu u hladnjak do posluživanja. Ukrasite ohlađenom smjesom.

Poslužite preko tjestenine ili rezanaca s jajima. Napunite griz od sira.

Hranjivost (na 100 g): 314 kalorija 19 g masti 1 g ugljikohidrata 32 g proteina 778 mg natrija

Mediteranska govedina u sporom kuhanju s artičokama

vrijeme pripreme: 3 sata i 20 minuta
Vrijeme za kuhanje: 7 sati i 8 minuta
Porcije: 6
Razina težine: lako

Sadržaj:

- 2 kilograma govedine za gulaš
- 14 unci srca artičoke
- 1 žlica ulja sjemenki grožđa
- 1 kosani luk
- 32 unce juhe
- 4 češnja češnjaka, naribana
- 14½ unci konzervirane rajčice, nasjeckane
- 15 unci umaka od rajčice
- 1 žličica osušene majčine dušice
- ½ šalice nasjeckanih maslina bez koštica
- 1 žličica suhog peršina
- 1 žličica osušene majčine dušice
- ½ žličice mljevenog kima
- 1 žličica sušenog bosiljka
- 1 list lovora
- ½ žličice soli

upute:

Ulijte malo ulja u veliku neprijanjajuću tavu i zagrijte na srednje jakoj temperaturi. Pržite govedinu dok ne porumeni s obje strane. Prebacite govedinu u sporo kuhalo.

Dodajte juhu, nasjeckanu rajčicu, umak od rajčice, posolite i promiješajte. Ulijte juhu, nasjeckanu rajčicu, majčinu dušicu, masline, bosiljak, peršin, lovorov list i kumin. Smjesu dobro sjediniti.

Ugasite i kuhajte na laganoj vatri 7 sati. Prilikom posluživanja bacite lovorov list. Poslužite vruće.

Hranjivost (na 100 g): 416 kalorija 5 g masti 14,1 g ugljikohidrata 29,9 g bjelančevina 811 mg natrija

Mršavo pečenje u loncu u mediteranskom stilu za sporo kuhanje

Vrijeme pripreme: 30 minuta
Vrijeme kuhanja: 8 sati
Porcija: 10
Razina težine: teško

Sadržaj:

- 4 funte okrugle pečene oči
- 4 češnja češnjaka
- 2 žličice maslinovog ulja
- 1 žličica svježe mljevenog crnog papra
- 1 šalica nasjeckanog luka
- 4 mrkve, nasjeckane
- 2 žličice sušenog ružmarina
- 2 nasjeckane stabljike celera
- 28 unca konzerve zdrobljenih rajčica
- 1 šalica juhe s niskim sadržajem natrija
- 1 čaša crnog vina
- 2 žličice soli

upute:

Začinite pečenu govedinu solju, češnjakom i paprom i ostavite sa strane. Ulijte ulje u tavu koja se ne lijepi i zagrijte ga na srednje jakoj temperaturi. U to staviti meso i pržiti ga dok ne porumeni sa svih strana. Sada premjestite pečenu govedinu u sporo kuhalo od 6 litara. Dodajte mrkvu, luk, ružmarin i celer u tavu. Nastavite kuhati dok luk i povrće ne omekšaju.

Ovoj mješavini povrća dodajte rajčice i vino. Dodajte juhu i mješavinu rajčice u sporo kuhalo zajedno s mješavinom povrća. Poklopite i kuhajte na laganoj vatri 8 sati.

Nakon što je meso pečeno, izvadite ga iz sporog kuhala i stavite na dasku za rezanje te omotajte aluminijskom folijom. Kako biste zgusnuli umak, prebacite ga u lonac i kuhajte na laganoj vatri dok ne dobije željenu gustoću. Odbacite masnoću prije posluživanja.

Hranjivost (na 100 g): 260 kalorija 6 g masti 8,7 g ugljikohidrata 37,6 g bjelančevina 588 mg natrija

Mesne okruglice za sporo kuhanje

Vrijeme pripreme: 10 minuta

Vrijeme za kuhanje: 6 sati i 10 minuta

Porcija: 8

Razina težine: prosječna

Sadržaj:

- 2 funte mljevenog bizona
- 1 naribana tikvica
- 2 velika jajeta
- Prema potrebi sprej za kuhanje maslinovog ulja
- 1 tikvica, nasjeckana
- ½ šalice svježeg peršina, sitno nasjeckanog
- ½ šalice ribanog parmezana
- 3 žlice balzamičnog octa
- 4 češnja češnjaka, naribana
- 2 žlice nasjeckanog luka
- 1 žlica osušene majčine dušice
- ½ žličice mljevenog crnog papra
- ½ žličice košer soli
- Za preljev:
- ¼ šalice ribanog sira Mozzarella
- ¼ šalice kečapa bez šećera
- ¼ šalice svježe nasjeckanog peršina

upute:

Unutrašnjost lonca za sporo kuhanje od šest litara obložite aluminijskom folijom. Na njega poprskajte neljepljivo ulje za kuhanje.

U velikoj zdjeli pomiješajte mljeveni bizon ili ekstra posnu pečenicu, tikvice, jaja, peršin, balzamični ocat, češnjak, sušeni timijan, morsku ili košer sol, nasjeckani sušeni luk i mljeveni crni papar.

Stavite ovu smjesu u sporo kuhalo i oblikujte pravokutnu štrucu. Zatvorite poklopac štednjaka, kuhajte na laganoj vatri 6 sati. Nakon kuhanja uključite štednjak i kečapom premažite polpete.

Sada stavite novi sloj sira na vrh kečapa i isključite sporo kuhalo. Ostavite mesne okruglice na ta dva sloja oko 10 minuta ili dok se sir ne počne topiti. Ukrasite svježim peršinom i naribanim sirom Mozzarella.

Hranjivost (na 100 g): 320 kalorija 2 g masti 4 g ugljikohidrata 26 g proteina 681 mg natrija

Hoagies od mediteranske govedine u sporom kuhanju

Vrijeme pripreme: 10 minuta
Vrijeme kuhanja: 13 sati
Porcije: 6
Razina težine: prosječna

Sadržaj:

- 3 funte Goveđe okruglo pečenje nemasno
- ½ žličice luka u prahu
- ½ žličice crnog papra
- 3 šalice juhe s niskim sadržajem natrija
- 4 žličice mješavine preljeva za salatu
- 1 list lovora
- 1 žlica češnjaka, mljevenog
- 2 crvene paprike narezane na tanke trakice
- 16 unci Pepperoncina
- 8 kriški Sargento Provolone, tankih
- 2 unce kruha bez glutena
- ½ žličice soli
- <u>Za sezonu:</u>
- 1½ žlice luka u prahu
- 1½ žlice češnjaka u prahu
- 2 žlice suhog peršina

- 1 žlica stevije
- ½ žličice osušene majčine dušice
- 1 žlica osušene majčine dušice
- 2 žlice crnog papra
- 1 žlica soli
- 6 kriški sira

upute:

Pečeno osušite papirnatim ručnikom. Pomiješajte crni papar, luk u prahu i sol u maloj posudi i premažite smjesu preko pečenja. Začinjeno pečenje stavite u sporo kuhalo.

U sporo kuhalo dodajte juhu, mješavinu preljeva za salatu, lovorov list i češnjak. Nježno sjediniti. Isključite i stavite na lagano kuhanje 12 sati. Nakon kuhanja izvaditi lovorov list.

Kuhanu govedinu izvadite, a teletinu nasjeckajte. Vratiti mljeveno meso i dodati papriku. Dodajte papriku i pepperoncino u sporo kuhalo. Ugasite štednjak i kuhajte na laganoj vatri 1 sat. Prije posluživanja svaku tortilju prelijte s 3 unce mješavine mesa. Nadjenite ga kriškom sira. Tekući umak može se koristiti kao umak.

Hranjivost (na 100 g): 442 kalorije 11,5 g masti 37 g ugljikohidrata 49 g bjelančevina 735 mg natrija

Mediteranska pečena svinjetina

Vrijeme pripreme: 10 minuta

Vrijeme za kuhanje: 8 sati i 10 minuta

Porcije: 6

Razina težine: prosječna

Sadržaj:

- 2 žlice maslinovog ulja
- 2 kilograma svinjskog pečenja
- ½ žličice paprike
- ½ šalice pilećeg temeljca
- 2 žličice suhe kadulje
- ½ žlice mljevenog češnjaka
- ¼ žličice sušenog mažurana
- ¼ žličice sušenog ružmarina
- 1 žličica majčine dušice
- ¼ žličice suhe majčine dušice
- 1 žličica bosiljka
- ¼ žličice košer soli

upute:

U maloj posudi pomiješajte juhu, ulje, sol i začine. Ulijte maslinovo ulje u tavu i zagrijte ga na srednje jakoj temperaturi. U to staviti svinjetinu i pržiti sa svih strana dok ne porumeni.

Kad je pečeno, izvadite meso i pečenje probodite nožem. Stavite pečeno svinjsko pečenje u vatrostalnu posudu od 6 litara. Sada prelijte tekućinu iz male zdjelice po cijelom pečenju.

Pokrijte lonac i kuhajte na laganoj vatri 8 sati. Nakon kuhanja izvadite ga iz lonca i stavite na dasku za rezanje te narežite na komade. Zatim dodajte nasjeckanu svinjetinu natrag u lonac. Prokuhajte još 10 minuta. Poslužite s feta sirom, pitom i rajčicama.

Hranjivost (na 100 g): 361 kalorija 10,4 g masti 0,7 g ugljikohidrata 43,8 g bjelančevina 980 mg natrija

mesna pizza

Vrijeme pripreme: 20 minuta
Vrijeme za kuhanje: 50 minuta
Porcija: 10
Razina težine: teško

Sadržaj:

- <u>Za školjku:</u>
- 3 šalice višenamjenskog brašna
- 1 žlica šećera
- 2¼ žličice aktivnog suhog kvasca
- 1 žličica soli
- 2 žlice maslinovog ulja
- 1 šalica tople vode
- <u>Za gore navedeno:</u>
- 1 kg mljevene junetine
- 1 srednja glavica luka, nasjeckana
- 2 žlice paste od rajčice
- 1 žlica mljevenog kima
- Sol i papar po želji
- ¼ šalice vode
- 1 šalica svježeg špinata, nasjeckanog
- 8 unci srca artičoke, narezana na četvrtine
- 4 unce svježih gljiva, narezanih na ploške

- 2 rajčice, nasjeckane
- 4 unce feta sira, izmrvljenog

upute:

Za školjku:

Pomiješajte brašno, šećer, kvasac i sol samostojećim mikserom pomoću kuke za tijesto. Dodajte 2 žlice ulja i toplu vodu i mijesite dok ne dobijete glatko i elastično tijesto.

Od tijesta napravite kuglu i ostavite da odstoji oko 15 minuta.

Stavite tijesto na lagano pobrašnjenu površinu i razvaljajte u krug. Stavite tijesto na lagano podmazan okrugli pleh za pizzu i nježno pritisnite da pristane. Ostavite da odstoji oko 10-15 minuta. Premazati koru sa malo ulja. Zagrijte pećnicu na 400 stupnjeva F.

Za gore navedeno:

Pecite govedinu u neprianjajućoj tavi na srednje jakoj vatri oko 4-5 minuta. Umiješajte luk i kuhajte oko 5 minuta uz često miješanje. Dodajte pastu od rajčice, kumin, sol, papar i vodu te promiješajte.

Stavite vatru na srednju i kuhajte oko 5-10 minuta. Maknite s vatre i ostavite sa strane. Položite goveđu smjesu na koru pizze i na vrh stavite špinat, a zatim artičoke, gljive, rajčice i fetu.

Kuhajte dok se sir ne otopi. Izvadite iz pećnice i ostavite stajati oko 3-5 minuta prije rezanja. Izrežite na ploške željene veličine i poslužite.

Hranjivost (na 100 g): 309 kalorija 8,7 g masti 3,7 g ugljikohidrata 3,3 g bjelančevina 732 mg natrija

Mesne okruglice od goveđeg bulgura

Vrijeme pripreme: 20 minuta

Vrijeme za kuhanje: 28 minuta

Porcije: 6

Razina težine: prosječna

Sadržaj:

- ½ šalice nekuhanog bulgura
- 1 kg mljevene junetine
- ¼ šalice ljutike, nasjeckane
- ¼ šalice svježeg peršina, nasjeckanog
- ½ žličice mljevene pimente
- ½ žličice mljevenog kima
- ½ žličice mljevenog cimeta
- ¼ žličice mljevene crvene paprike
- sol, po potrebi
- 1 žlica maslinovog ulja

upute:

Namočite bulgur u hladnoj vodi u velikoj zdjeli oko 30 minuta. Nakon što ste temeljito ocijedili bulgur, istisnite višak vode stiskajući ga rukom. U sjeckalici dodajte bulgur, govedinu, ljutiku, peršin, začine, sol i mahunarke dok ne dobijete glatku smjesu.

Stavite smjesu u zdjelu i ostavite u hladnjaku oko 30 minuta. Izvadite iz hladnjaka i od goveđe smjese napravite kuglice jednake veličine. U velikoj tavi koja se ne lijepi, zagrijte ulje na srednje jakoj vatri i pecite mesne okruglice u 2 serije oko 13-14 minuta, često okrećući. Poslužite vruće.

Hranjivost (na 100 g): 228 kalorija 7,4 g masti 0,1 g ugljikohidrata 3,5 g bjelančevina 766 mg natrija

ukusna govedina i brokula

Vrijeme pripreme: 10 minuta
Vrijeme za kuhanje: 15 minuta
Porcija: 4
Razina težine: lako

Sadržaj:

- 1 i ½ lbs. odrezak s boka
- 1 velika žlica. maslinovo ulje
- 1 velika žlica. tamari umak
- 1 šalica goveđe juhe
- 1 funta brokule, cvjetovi odvojeni

upute:

Pomiješajte trakice odreska s uljem i tamarijem, promiješajte i ostavite 10 minuta. Odaberite gotov lonac u načinu pirjanja, stavite teleće trakice i pržite 4 minute sa svake strane. Umiješajte temeljac, ponovno poklopite lonac i kuhajte na jakoj vatri 8 minuta. Umiješajte brokulu, poklopite i kuhajte na najjačoj temperaturi još 4 minute. Sve rasporedite na tanjure i poslužite. Uživati!

Hranjivost (na 100 g): 312 kalorija 5 g masti 20 g ugljikohidrata 4 g proteina 694 mg natrija

Goveđi kukuruzni papar

Vrijeme pripreme: 8-10 minuta
Vrijeme za kuhanje: 30 minuta
Porcija: 8
Razina težine: prosječna

Sadržaj:

- 2 manja luka, nasjeckana (sitno)
- ¼ šalice konzerviranog kukuruza
- 1 žlica ulja
- 10 unci nemasne mljevene govedine
- 2 male nasjeckane paprike

upute:

Odmah otvorite lonac. Kliknite na opciju "SAUTE". Ulijte ulje, pa umiješajte luk, feferon i govedinu; Kuhajte dok ne postane proziran i mekan. Ulijte 3 čaše vode u lonac; dobro promiješajte.

Zatvorite poklopac. Odaberite "MAT/Cast". Postavite tajmer na 20 minuta. Neka se kuha dok se mjerač vremena ne vrati na nulu.

Pritisnite "CANCEL", a zatim "NPR" za prirodno rasterećenje tlaka otprilike 8-10 minuta. Nakon otvaranja tanjur prebacite na tanjure za posluživanje. Servis.

Hranjivost (na 100 g): 94 kalorije 5 g masti 2 g ugljikohidrata 7 g bjelančevina 477 mg natrija

Balzamično teleće jelo

Vrijeme pripreme: 5 minuta
Vrijeme za kuhanje: 55 minuta
Porcija: 8
Razina težine: prosječna

Sadržaj:

- 3 funte pečeno
- 3 češnja češnjaka, tanko narezana
- 1 žlica ulja
- 1 žličica aromatiziranog octa
- ½ žličice papra
- ½ žličice ružmarina
- 1 žlica maslaca
- ½ žličice majčine dušice
- ¼ šalice balzamičnog octa
- 1 šalica goveđe juhe

upute:

Narežite zareze na pečenju i sa svih strana nadjenite ploške češnjaka. Pomiješajte aromatizirani ocat, ružmarin, papar, majčinu dušicu i smjesom premažite pečenje. Odaberite lonac u načinu pirjanja i umiješajte ulje, pričekajte da se ulje zagrije. Pecite obje strane pečenja.

Izvadite ga i ostavite sa strane. Pomiješajte maslac, juhu, balzamični ocat i izglancajte posudu. Vratite pečenje i zatvorite poklopac, zatim kuhajte na VISOKOM tlaku 40 minuta.

Izvršite brzo otpuštanje. Servis!

Hranjivost (na 100 g): 393 kalorije 15 g masti 25 g ugljikohidrata 37 g proteina 870 mg natrija

Pečena govedina sa soja umakom

Vrijeme pripreme: 8 minuta
Vrijeme za kuhanje: 35 minuta
Porcija: 2-3
Razina težine: prosječna

Sadržaj:

- ½ žličice goveđeg bujona
- 1 ½ žličice ružmarina
- ½ žličice mljevenog češnjaka
- 2 kg govedine
- 1/3 šalice soja umaka

upute:

Pomiješajte soja umak, bujon, ružmarin i češnjak u zdjeli za miješanje.

Otvorite svoj spremni lonac. Stavite pečenje i nalijte toliko vode da prekrije pečenje; Lagano promiješajte da se dobro sjedini. Čvrsto ga zatvorite.

Kliknite na funkciju kuhanja "MET/CONFIDENCE"; postavite razinu tlaka na "VISOKO" i postavite vrijeme kuhanja na 35 minuta. Izgradimo pritisak da skuhamo sastojke. Kada završite, kliknite na postavku "CANCEL", a zatim kliknite na "NPR" funkciju kuhanja kako biste prirodno oslobodili pritisak.

Polako otvorite poklopac i narežite meso. Umiješajte mljeveno meso natrag u smjesu za posuđe i dobro promiješajte. Prebacite u posude za posluživanje. Poslužite vruće.

Hranjivost (na 100 g):423 kalorije 14 g masti 12 g ugljikohidrata 21 g proteina 884 mg natrija

Pečena govedina s ružmarinom

Vrijeme pripreme: 5 minuta
Vrijeme za kuhanje: 45 minuta
Porcija: 5-6
Razina težine: prosječna

Sadržaj:

- 3 kg pečene govedine
- 3 češnja češnjaka
- ¼ šalice balzamičnog octa
- 1 grančica svježeg ružmarina
- 1 grančica svježeg timijana
- 1 čaša vode
- 1 žlica biljnog ulja
- Papar i sol po ukusu

upute:

U pečenu govedinu nasjeckajte ploške i u njih stavite režnjeve češnjaka. Pečeno natrljajte začinskim biljem, paprom i solju. Prethodno zagrijte gotov lonac na način prženja i ulijte ulje. Kad se zagrije, umiješajte pečenu govedinu i pecite dok ne porumeni sa svih strana. Dodajte preostale sastojke; lagano promiješajte.

Čvrsto poklopite i kuhajte na jakoj vatri 40 minuta koristeći ručnu postavku. Pustite da pritisak prirodno popusti, oko 10 minuta. Junetinu stavite na tanjure za posluživanje, ispecite, narežite i poslužite.

Hranjivost (na 100 g): 542 kalorije 11,2 g masti 8,7 g ugljikohidrata 55,2 g bjelančevina 710 mg natrija

Svinjski kotleti i umak od rajčice

Vrijeme pripreme: 10 minuta
Vrijeme za kuhanje: 20 minuta
Porcija: 4
Razina težine: lako

Sadržaj:

- 4 svinjska kotleta bez kosti
- 1 žlica soja umaka
- ¼ žličice sezamovog ulja
- 1 i ½ šalice paste od rajčice
- 1 glavica žutog luka
- 8 gljiva, narezanih na ploške

upute:

U zdjeli pomiješajte svinjske odreske sa soja umakom i sezamovim uljem, bacite ih i ostavite sa strane 10 minuta. Spremni lonac stavite u način pirjanja, dodajte svinjske kotlete i pržite 5 minuta sa svake strane. Dodajte luk i kuhajte još 1-2 minute. Dodajte pastu od rajčice i gljive, promiješajte, poklopite i kuhajte na jakoj vatri 8-9 minuta. Sve podijelite na tanjure i poslužite. Uživati!

Hranjivost (na 100 g): 300 kalorija 7 g masti 18 g ugljikohidrata 4 g proteina 801 mg natrija

Piletina s umakom od kapara

Vrijeme pripreme: 10 minuta
Vrijeme za kuhanje: 18 minuta
Porcija: 5
Razina težine: teško

Sadržaj:

- <u>Za piletinu:</u>
- 2 jaja
- Sol i papar po želji
- 1 šalica suhih krušnih mrvica
- 2 žlice maslinovog ulja
- ½ funte pilećih prsa bez kože i kostiju, istucanih ¾ inča debljine i izrezanih na komade
- <u>Za umak od kapara:</u>
- 3 žlice kapara
- ½ šalice suhog bijelog vina
- 3 žlice svježeg soka od limuna
- Sol i papar po želji
- 2 žlice svježeg peršina, nasjeckanog

upute:

Za piletinu: U duboku zdjelu dodajte jaja, sol i papar i umutite dok se dobro ne sjedine. U drugu plitku posudu stavite krušne mrvice. Umočite komade piletine u smjesu od jaja, a potom ih ravnomjerno premažite prezlama. Otresite višak krušnih mrvica.

Zagrijte ulje na srednjoj vatri i pecite komade piletine oko 5-7 minuta sa svake strane ili dok ne postignu željenu gustoću. S šupljikavom žlicom stavite komade piletine na tanjur obložen papirnatim ručnikom. Pokrijte komade piletine folijom da ostanu topli.

U istu tavu dodajte sve sastojke za umak osim peršina i kuhajte oko 2-3 minute uz stalno miješanje. Umiješajte peršin i maknite s vatre. Poslužite komade piletine ukrašene umakom od kapara.

Hranjivost (na 100 g): 352 kalorije 13,5 g masti 1,9 g ugljikohidrata 1,2 g bjelančevina 741 mg natrija

Pureći burger sa salsom od manga

Vrijeme pripreme: 15 minuta

Vrijeme za kuhanje: 10 minuta

Porcije: 6

Razina težine: lako

Sadržaj:

- 1½ funte mljevenih purećih prsa
- 1 čajna žličica morske soli, podijeljena
- ¼ žličice svježe mljevenog crnog papra
- 2 žlice ekstra djevičanskog maslinovog ulja
- 2 manga, oguljena, bez koštica i na kockice
- ½ crvenog luka, sitno nasjeckanog
- Sok od 1 limete
- 1 režanj češnjaka, samljeven
- ½ jalapeno papričice, bez sjemenki i sitno nasjeckane
- 2 žlice nasjeckanog svježeg lišća korijandera

upute:

Pureća prsa oblikujte u 4 pljeskavice i začinite s ½ žličice morske soli i papra. Zagrijte maslinovo ulje u tavi koja se ne lijepi dok ne zasvijetli. Dodajte pureće mesne okruglice i pecite oko 5 minuta sa svake strane, dok ne porumene. Dok se mesne okruglice kuhaju, pomiješajte mango, crveni luk, limunov sok, češnjak, jalapeno, korijander i preostalih ½ žličice morske soli u maloj posudi. Pokapajte salsu preko purećih mesnih okruglica i poslužite.

Hranjivost (na 100 g): 384 kalorije 3 g masti 27 g ugljikohidrata 34 g proteina 692 mg natrija

Pureća prsa sa začinskim biljem

Vrijeme pripreme: 15 minuta
Vrijeme za kuhanje: 1½ sat (plus 20 minuta za odmor)
Porcije: 6
Razina težine: prosječna

Sadržaj:

- 2 žlice ekstra djevičanskog maslinovog ulja
- 4 češnja češnjaka, mljevena
- korica 1 limuna i
- 1 žlica nasjeckanih listova svježeg timijana
- 1 žlica nasjeckanih listova svježeg ružmarina
- 2 žlice nasjeckanog svježeg lišća talijanskog peršina
- 1 žličica mljevene gorušice
- 1 žličica morske soli
- ¼ žličice svježe mljevenog crnog papra
- 1 (6 funti) pureća prsa bez kože s kostima
- 1 čaša suhog bijelog vina

upute:

Zagrijte pećnicu na 325°F. Pomiješajte maslinovo ulje, češnjak, koricu limuna, majčinu dušicu, ružmarin, peršin, senf, morsku sol i papar. Ravnomjerno utrljajte mješavinu bilja po površini purećih prsa i olabavite kožu te istrljajte i dno. Stavite pureća prsa s kožom prema gore na rešetku u tavi za pečenje.

Ulijte vino u tavu. Pecite puricu 1 do 1½ sat, dok ne postigne unutarnju temperaturu od 165 stupnjeva F. Izvadite iz pećnice i zasebno stavite u šator s aluminijskom folijom 20 minuta da se zagrije prije rezanja.

Hranjivost (na 100 g): 392 kalorije 1 g masti 2 g ugljikohidrata 84 g proteina 741 mg natrija

Pileća kobasica i paprika

Vrijeme pripreme: 10 minuta
Vrijeme za kuhanje: 20 minuta
Porcije: 6
Razina težine: prosječna

Sadržaj:

- 2 žlice ekstra djevičanskog maslinovog ulja
- 6 karika talijanskih pilećih kobasica
- 1 luk
- 1 crvena paprika
- 1 zelena paprika
- 3 češnja češnjaka, mljevena
- ½ šalice suhog bijelog vina
- ½ žličice morske soli
- ¼ žličice svježe mljevenog crnog papra
- Prstohvat listića crvene paprike

upute:

Kuhajte maslinovo ulje u velikoj tavi dok ne zasvijetli. Dodajte kobasice i kuhajte, povremeno okrećući, dok ne porumene, 5 do 7 minuta, i dok ne postignu unutarnju temperaturu od 165°F. Kobasice hvataljkama izvadite iz tave i stavite na tanjur obložen aluminijskom folijom da ostanu tople.

Ponovno stavite posudu na vatru i pomiješajte s lukom, crvenom paprikom i zelenom paprikom. Kuhajte i povremeno miješajte dok povrće ne počne smeđiti. Stavite češnjak i kuhajte 30 sekundi uz stalno miješanje.

Umiješajte vino, morsku sol, crni papar i papriku. Izvadite sve smeđe komadiće s dna posude i savijte ih. Kuhajte još oko 4 minute uz miješanje dok se tekućina ne reducira na pola. Paprike rasporedite po kobasicama i poslužite.

Hranjivost (na 100 g):173 kalorije 1 g masti 6 g ugljikohidrata 22 g proteina 582 mg natrija

piletina saute

Vrijeme pripreme: 10 minuta
Vrijeme za kuhanje: 15 minuta
Porcije: 6
Razina težine: prosječna

Sadržaj:

- ½ šalice integralnog pšeničnog brašna
- ½ žličice morske soli
- 1/8 žličice svježe mljevenog crnog papra
- 1½ funte pilećih prsa, izrezanih na 6 komada
- 3 žlice ekstra djevičanskog maslinovog ulja
- 1 šalica neslanog pilećeg temeljca
- ½ šalice suhog bijelog vina
- sok od 1 limuna
- korica 1 limuna i
- ¼ šalice kapara, ocijeđenih i ispranih
- ¼ šalice nasjeckanog svježeg lišća peršina

upute:

U plitkoj posudi pomiješajte brašno, morsku sol i papar. Natrljajte piletinu brašnom i bacite višak. Kuhajte maslinovo ulje dok ne postane ružičasto.

Dodajte piletinu i pecite oko 4 minute sa svake strane dok ne porumeni. Izvadite piletinu iz tave i stavite je u šator s aluminijskom folijom da ostane topla.

Vratite lonac na vatru i umiješajte juhu, vino, limunov sok, limunovu koricu i kapare. Rubom kuhače ubacite zapečene komadiće s dna posude. Kuhajte dok se tekućina ne zgusne. Maknite tavu s vatre i vratite piletinu u tavu. Pretvorite ga u jaknu. Umiješajte peršin i poslužite.

Hranjivost (na 100 g):153 kalorije 2 g masti 9 g ugljikohidrata 8 g proteina 692 mg natrija

Toskanska piletina u jednoj tavi

Vrijeme pripreme: 10 minuta
Vrijeme za kuhanje: 25 minuta
Porcije: 6
Razina težine: teško

Sadržaj:

- ¼ šalice ekstra djevičanskog maslinovog ulja, podijeljeno
- 1 funta pilećih prsa bez kostiju i kože, izrezanih na komade od ¾ inča
- 1 glavica luka nasjeckana
- 1 crvena paprika, nasjeckana
- 3 češnja češnjaka, mljevena
- ½ šalice suhog bijelog vina
- 1 (14 unci) pasirane rajčice, neocijeđene
- 1 (14 unci) limenka rajčice narezane na kockice, ocijeđene
- 1 (14 unci) limenka bijelog graha, ocijeđena
- 1 žlica sušenog talijanskog začina
- ½ žličice morske soli
- 1/8 žličice svježe mljevenog crnog papra
- 1/8 žličice pahuljica crvene paprike
- ¼ šalice nasjeckanih listova svježeg bosiljka

upute:

Kuhajte 2 žlice maslinovog ulja dok ne porumene. Piletinu promiješajte i kuhajte dok ne dobije boju. Izvadite piletinu iz tave i stavite na tanjur obložen aluminijskom folijom da ostane topla.

Ponovno stavite tavu na vatru i zagrijte preostalo maslinovo ulje. Dodajte luk i crvenu papriku. Kuhajte i povremeno miješajte dok povrće ne omekša. Stavite češnjak i kuhajte 30 sekundi uz stalno miješanje.

Promiješajte vino i rubom žlice uklonite zapečene komadiće s dna posude. Kuhajte 1 minutu uz miješanje.

Umiješajte zgnječenu i na kockice narezanu rajčicu, bijeli grah, talijanski začin, morsku sol, crni papar i ljuskice paprike. Neka prokuha. Kuhajte 5 minuta uz povremeno miješanje.

Vratite piletinu i sav skupljeni sok u tavu. Kuhajte dok se piletina potpuno ne skuha. Maknite s vatre i prije posluživanja umiješajte bosiljak.

Hranjivost (na 100 g): 271 kalorija 8 g masti 29 g ugljikohidrata 14 g proteina 596 mg natrija

Navlaka za piletinu

Vrijeme pripreme: 10 minuta
Vrijeme kuhanja: 2 sata
Porcija: 4
Razina težine: prosječna

Sadržaj:

- 1 (32 unce) limenka rajčice narezane na kockice, ocijeđene
- ¼ šalice suhog bijelog vina
- 2 žlice paste od rajčice
- 3 žlice ekstra djevičanskog maslinovog ulja
- ¼ žličice pahuljica crvene paprike
- 1 žličica mljevene pimente
- ½ žličice suhe majčine dušice
- 2 cijela klinčića
- 1 štapić cimeta
- ½ žličice morske soli
- 1/8 žličice svježe mljevenog crnog papra
- 4 polovice pilećih prsa bez kostiju i kože

upute:

Pomiješajte rajčice, vino, pastu od rajčice, maslinovo ulje, ljuskice crvene paprike, piment, majčinu dušicu, klinčiće, štapić cimeta, morsku sol i papar u velikom loncu. Pustite da zavrije uz povremeno miješanje. Pustite da lagano kuha 30 minuta uz povremeno miješanje. Izvadite i bacite sve klinčiće i štapiće cimeta iz umaka i pustite da se umak ohladi.

Zagrijte pećnicu na 350°F. Stavite piletinu u lim za pečenje veličine 9 x 13 inča. Piletinu prelijte umakom i prekrijte posudu aluminijskom folijom. Nastavite kuhati dok ne postigne unutarnju temperaturu od 165 F.

Hranjivost (na 100 g): 220 kalorija 3 g masti 11 g ugljikohidrata 8 g proteina 923 mg natrija

Pileća prsa punjena špinatom i feta sirom

Vrijeme pripreme: 10 minuta

Vrijeme za kuhanje: 45 minuta

Porcija: 4

Razina težine: prosječna

Sadržaj:

- 2 žlice ekstra djevičanskog maslinovog ulja
- 1 funta svježeg mladog špinata
- 3 češnja češnjaka, mljevena
- korica 1 limuna i
- ½ žličice morske soli
- 1/8 žličice svježe mljevenog crnog papra
- ½ šalice izmrvljenog feta sira
- 4 pileća prsa bez kože i kostiju

upute:

Zagrijte pećnicu na 350°F. Kuhajte maslinovo ulje na srednjoj vatri dok ne upije vodu. Dodajte špinat. Nastavite kuhati i miješati dok ne uvene.

Dodajte češnjak, koricu limuna, morsku sol i papar te promiješajte. Kuhajte 30 sekundi uz stalno miješanje. Malo ohladite i pomiješajte sa sirom.

Rasporedite mješavinu špinata i sira u ravnomjernom sloju preko komada piletine i zarolajte prsa oko nadjeva. Zatvorite ga čačkalicama ili mesarskom uzicom. Stavite prsa na lim za pečenje veličine 9 x 13 inča i pecite 30 do 40 minuta ili dok unutarnja temperatura piletine ne bude 165°F. Izvadite iz pećnice i ostavite stajati 5 minuta prije rezanja i posluživanja.

Hranjivost (na 100 g): 263 kalorije 3 g masti 7 g ugljikohidrata 17 g proteina 639 mg natrija

Pileći bataci zapečeni s ružmarinom

Vrijeme pripreme: 5 minuta
Vrijeme kuhanja: 1 sat
Porcije: 6
Razina težine: lako

Sadržaj:

- 2 žlice nasjeckanih listova svježeg ružmarina
- 1 žličica češnjaka u prahu
- ½ žličice morske soli
- 1/8 žličice svježe mljevenog crnog papra
- korica 1 limuna i
- 12 pilećih nogu

upute:

Zagrijte pećnicu na 350°F. Umiješajte ružmarin, češnjak u prahu, morsku sol, crni papar i koricu limuna.

Baguete stavite na lim za pečenje veličine 9 x 13 inča i pospite mješavinom ružmarina. Kuhajte dok piletina ne dosegne unutarnju temperaturu od 165°F.

Hranjivost (na 100 g): 163 kalorije 1 g masti 2 g ugljikohidrata 26 g proteina 633 mg natrija

Piletina s lukom, krumpirom, smokvama i mrkvom

Vrijeme pripreme: 5 minuta
Vrijeme za kuhanje: 45 minuta
Porcija: 4
Razina težine: prosječna

Sadržaj:

- 2 šalice pomfrita, prepolovljenih
- 4 svježe smokve, narezane na četvrtine
- 2 mrkve, julienned
- 2 žlice ekstra djevičanskog maslinovog ulja
- 1 čajna žličica morske soli, podijeljena
- ¼ žličice svježe mljevenog crnog papra
- 4 pileće nogice
- 2 žlice nasjeckanog svježeg peršinovog lišća

upute:

Zagrijte pećnicu na 425°F. U maloj posudi pomiješajte krumpir, smokve i mrkvu s maslinovim uljem, ½ žličice morske soli i paprom. Raširite na lim za pečenje veličine 9 x 13 inča.

Začinite piletinu preostalom morskom soli. Stavite na povrće. Kuhajte dok povrće ne omekša i dok piletina ne postigne unutarnju temperaturu od 165°F. Pospite peršinom i poslužite.

Hranjivost (na 100 g): 429 kalorija 4 g masti 27 g ugljikohidrata 52 g proteina 581 mg natrija

Pileći doner s Tzatzikijem

Vrijeme pripreme: 15 minuta
Vrijeme za kuhanje: 1 sat i 20 minuta
Porcije: 6
Razina težine: prosječna

Sadržaj:

- 1 kg pilećih prsa
- 1 glavica luka, naribana, ocijeđena od viška soka
- 2 žlice suhog ružmarina
- 1 žlica sušenog mažurana
- 6 režnjeva češnjaka, mljevenog
- ½ žličice morske soli
- ¼ žličice svježe mljevenog crnog papra
- Cacik umak

upute:

Zagrijte pećnicu na 350°F. Kuhačom izmiksajte piletinu, luk, ružmarin, mažuran, češnjak, morsku sol i papar. Miješajte dok smjesa ne postane pasta. Alternativno, pomiješajte ove sastojke u zdjeli dok se dobro ne sjedine (pogledajte savjet za pripremu).

Utisnite smjesu u kalup za kruh. Pecite dok ne postigne unutarnju temperaturu od 165 stupnjeva. Izvadite iz pećnice i ostavite da odstoji 20 minuta prije rezanja.

Narežite gyro i žlicom stavite tzatziki umak na vrh.

Hranjivost (na 100 g): 289 kalorija 1 g masti 20 g ugljikohidrata 50 g proteina 622 mg natrija

Musaka

Vrijeme pripreme: 10 minuta
Vrijeme za kuhanje: 45 minuta
Porcija: 8
Razina težine: teško

Sadržaj:

- 5 žlica ekstra djevičanskog maslinovog ulja, podijeljeno
- 1 patlidžan, narezan (neoguljen)
- 1 glavica luka nasjeckana
- 1 zelena paprika, očišćena od jezgre i nasjeckana
- 1 funta mljevene puretine
- 3 češnja češnjaka, mljevena
- 2 žlice paste od rajčice
- 1 (14 unci) limenka rajčice narezane na kockice, ocijeđene
- 1 žlica talijanskog začina
- 2 žličice Worcestershire umaka
- 1 žličica suhe majčine dušice
- ½ žličice mljevenog cimeta
- 1 šalica nezaslađenog nemasnog običnog grčkog jogurta
- 1 jaje, tučeno
- ¼ žličice svježe mljevenog crnog papra
- ¼ žličice mljevenog muškatnog oraščića
- ¼ šalice ribanog parmezana
- 2 žlice nasjeckanog svježeg peršinovog lišća

upute:

Zagrijte pećnicu na 400°F. Kuhajte 3 žlice maslinovog ulja dok ne porumene. Dodajte ploške patlidžana i pržite svaku stranu 3-4 minute. Prebacite na papirnate ručnike da se ocijede.

Ponovno stavite tavu na vatru i ulijte preostale 2 žlice maslinovog ulja. Dodajte luk i zelenu papriku. Nastavite kuhati dok povrće ne omekša. Izvadite iz posude i ostavite sa strane.

Maknite tavu na vatru i umiješajte puretinu. Kuhajte, mrveći žlicom, oko 5 minuta, dok ne porumene. Dodajte češnjak i kuhajte 30 sekundi uz stalno miješanje.

Dodajte pastu od rajčice, rajčice, talijanske začine, Worcestershire umak, timijan i cimet. Vratite luk i papriku u tavu. Kuhajte 5 minuta uz miješanje. Pomiješajte jogurt, jaja, papriku, muškatni oraščić i sir.

Stavite polovicu mesne smjese na lim za pečenje veličine 9 x 13 inča. Presavijte patlidžan na pola. Dodajte preostalu mješavinu mesa i preostali patlidžan. Premažite smjesom od jogurta. Kuhajte dok ne porumene. Ukrasite peršinom i poslužite.

Hranjivost (na 100 g): 338 kalorija 5 g masti 16 g ugljikohidrata 28 g proteina 569 mg natrija

Dijon i grass svinjski file

Vrijeme pripreme: 10 minuta
Vrijeme za kuhanje: 30 minuta
Porcije: 6
Razina težine: prosječna

Sadržaj:

- ½ šalice nasjeckanog svježeg lišća talijanskog peršina
- 3 žlice svježeg lišća ružmarina, nasjeckanog
- 3 žlice svježeg lišća timijana, nasjeckanog
- 3 žlice Dijon senfa
- 1 žlica ekstra djevičanskog maslinovog ulja
- 4 češnja češnjaka, mljevena
- ½ žličice morske soli
- ¼ žličice svježe mljevenog crnog papra
- 1 (1½ funte) svinjskog fileta

upute:

Zagrijte pećnicu na 400°F. Pomiješajte peršin, ružmarin, majčinu dušicu, senf, maslinovo ulje, češnjak, morsku sol i papar. Procesirajte oko 30 sekundi dok ne postane glatko. Smjesu ravnomjerno rasporedite po svinjetini i stavite na obrubljeni lim za pečenje.

Kuhajte dok meso ne dosegne unutarnju temperaturu od 140°F. Izvadite iz pećnice i ostavite stajati 10 minuta prije rezanja i posluživanja.

Hranjivost (na 100 g): 393 kalorije 3 g masti 5 g ugljikohidrata 74 g proteina 697 mg natrija

Odrezak s umakom od gljiva s crnim vinom

vrijeme pripreme: minuta za mariniranje plus 8 sati
Vrijeme za kuhanje: 20 minuta
Porcija: 4
Razina težine: teško

Sadržaj:

- <u>Za marinadu i biftek</u>
- 1 čaša suhog crnog vina
- 3 češnja češnjaka, mljevena
- 2 žlice ekstra djevičanskog maslinovog ulja
- 1 žlica soja umaka s niskim sadržajem natrija
- 1 žlica osušene majčine dušice
- 1 žličica Dijon senfa
- 2 žlice ekstra djevičanskog maslinovog ulja
- odrezak od 1 do 1½ funte, biftek od željeza ili odrezak s tri vrha
- <u>Za umak od gljiva</u>
- 2 žlice ekstra djevičanskog maslinovog ulja
- 1 funta cremini gljiva, narezanih na četvrtine
- ½ žličice morske soli
- 1 žličica suhe majčine dušice
- 1/8 žličice svježe mljevenog crnog papra

- 2 češnja češnjaka, mljevena
- 1 čaša suhog crnog vina

upute:

Za mariniranje i izradu odrezaka

U maloj posudi pomiješajte vino, češnjak, maslinovo ulje, sojin umak, majčinu dušicu i senf. Ulijte u vrećicu koja se može zatvoriti i dodajte odrezak. Stavite odreske u hladnjak da se mariniraju 4 do 8 sati. Odreske izvadite iz marinade i osušite papirnatim ručnicima.

Kuhajte maslinovo ulje u velikoj tavi dok ne zasvijetli.

Umetnite odrezak i pecite oko 4 minute sa svake strane, dok dobro ne porumeni s obje strane i dok odrezak ne postigne unutarnju temperaturu od 140°F. Izvadite biftek iz tave i stavite ga na tanjur obložen aluminijskom folijom da ostane topao dok pripremate umak od gljiva.

Kad je umak od gljiva gotov, odrezak narežite na ploške debljine ½ cm.

Za pripremu umaka od gljiva

U istoj tavi zagrijte ulje na srednje jakoj vatri. Dodajte gljive, morsku sol, majčinu dušicu i papar. Kuhajte uz vrlo rijetko miješanje dok gljive ne porumene, oko 6 minuta.

Propirjajte češnjak. Promiješajte vino i rubom drvene žlice izvadite sve zapečene komadiće iz posude. Kuhajte dok se tekućina ne reducira na pola. Gljive poslužite žlicom preko odreska.

Hranjivost (na 100 g): 405 kalorija 5 g masti 7 g ugljikohidrata 33 g proteina 842 mg natrija

Grčke mesne okruglice

Vrijeme pripreme: 20 minuta

Vrijeme za kuhanje: 25 minuta

Porcija: 4

Razina težine: prosječna

Sadržaj:

- 2 kriške kruha od cjelovitog zrna pšenice
- 1¼ funte mljevene puretine
- 1 jaje
- ¼ šalice začinjenih krušnih mrvica od cjelovitog zrna pšenice
- 3 češnja češnjaka, mljevena
- ¼ crvenog luka, naribanog
- ¼ šalice nasjeckanog svježeg lišća talijanskog peršina
- 2 žlice nasjeckanih listova svježe metvice
- 2 žlice nasjeckanih listova svježeg timijana
- ½ žličice morske soli
- ¼ žličice svježe mljevenog crnog papra

upute:

Zagrijte pećnicu na 350°F. Na lim za pečenje stavite papir za pečenje ili aluminijsku foliju. Pustite ga pod vodom da smočite kruh i iscijedite sav višak. Narežite mokar kruh na male komade i stavite u srednju zdjelu.

Dodajte puretinu, jaja, krušne mrvice, češnjak, crveni luk, peršin, metvicu, timijan, morsku sol i papar. Dobro promiješajte. Od smjese oblikujte kuglice veličine ¼ šalice. Stavite polpete na pripremljeni lim i pecite oko 25 minuta ili dok unutarnja temperatura ne dosegne 165°F.

Hranjivost (na 100 g): 350 kalorija 6 g masti 10 g ugljikohidrata 42 g proteina 842 mg natrija

Janjetina s grahom

Vrijeme pripreme: 10 minuta
Vrijeme kuhanja: 1 sat
Porcije: 6
Razina težine: teško

Sadržaj:

- ¼ šalice ekstra djevičanskog maslinovog ulja, podijeljeno
- 6 janjećih kotleta očišćenih od viška masnoće
- 1 čajna žličica morske soli, podijeljena
- ½ žličice svježe mljevenog crnog papra
- 2 žlice paste od rajčice
- 1½ šalice vruće vode
- 1 funta zelenog graha, obrezanog i prepolovljenog poprečno
- 1 glavica luka nasjeckana
- 2 rajčice, nasjeckane

upute:

Pržite 2 žlice maslinovog ulja u velikoj tavi dok ne porumene. Začinite janjeće kotlete s ½ žličice morske soli i 1/8 žličice papra. Pecite janjetinu na zagrijanom ulju oko 4 minute, dok ne porumeni s obje strane. Stavite meso na tanjur i ostavite sa strane.

Ponovno stavite tavu na vatru i dodajte preostale 2 žlice maslinovog ulja. Zagrijte dok ne zasvijetli.

U posudi rastopite pastu od rajčice u vrućoj vodi. Dodajte zelene mahune u vruću tavu zajedno s lukom, rajčicama i preostalih ½ žličice morske soli i ¼ žličice papra. Pustite da lagano kuha, stranom žlice ostružite zapržene komadiće s dna posude.

Janjeće kotlete vratite u tavu. Pustite da zakipi i podesite vatru na srednje nisku. Kuhajte 45 minuta dok grah ne omekša, dodajte još vode koliko je potrebno da prilagodite gustoću umaka.

Hranjivost (na 100 g): 439 kalorija 4 g masti 10 g ugljikohidrata 50 g proteina 745 mg natrija

Piletina s umakom od rajčice i balzamikom

Vrijeme pripreme: 10 minuta
Vrijeme za kuhanje: 20 minuta
Porcija: 4
Razina težine: prosječna

Sadržaj

- 2 (8 oz. ili 226,7 g svako) pilećih prsa bez kostiju, bez kože
- ½ žličice sol
- ½ žličice mljeveni papar
- 3 žlice. ekstra djevičansko maslinovo ulje
- ½ c. prepolovljene cherry rajčice
- 2 žlice. Narezana šalotka
- ¼ c. balsamico ocat
- 1 velika žlica. nasjeckani češnjak
- 1 velika žlica. pržene sjemenke komorača, zdrobljene
- 1 velika žlica. Maslac

upute:

Pileća prsa izrežite na 4 dijela i istucite čekićem dok ne budu debljine ¼ inča. Koristite ¼ žličice papra i soli za premazivanje piletine. Zagrijte dvije žlice ulja u tavi i držite vatru na srednjoj temperaturi. Pileća prsa pecite tri minute sa svake strane. Izvadite ga na tanjur za posluživanje i prekrijte prozirnom folijom da ostane topao.

U tavu staviti žlicu ulja, ljutiku i rajčicu i kuhati dok ne omekša. Dodajte ocat i kuhajte smjesu dok se ocat ne reducira na pola. Dodajte sjemenke komorača, češnjak, sol i papar te kuhajte oko četiri minute. Skinite sa štednjaka i pomiješajte s maslacem. Ovim umakom prelijte piletinu i poslužite.

Hranjivost (na 100 g):294 kalorije 17 g masti 10 g ugljikohidrata 2 g proteina 639 mg natrija

Smeđa riža, feta sir, svježi grašak i salata od mente

Vrijeme pripreme: 10 minuta
Vrijeme za kuhanje: 25 minuta
Porcija: 4
Razina težine: lako

Sadržaj:

- 2 c. smeđa riža
- 3 c. Ovaj
- Sol
- 5 oz. ili 141,7 g izmrvljenog feta sira
- 2 c. kuhani grašak
- ½ c. nasjeckana metvica, svježa
- 2 žlice. maslinovo ulje
- Sol i papar

upute:

Stavite smeđu rižu, vodu i sol u lonac na srednje jaku vatru, poklopite i pustite da zavrije. Smanjite vatru i pustite da kuha dok se voda ne otopi i riža ne omekša, ali može se žvakati. Neka se potpuno ohladi

Dodajte fetu, grašak, metvicu, maslinovo ulje, sol i papar u zdjelu za salatu s ohlađenom rižom i promiješajte da se sjedini. Poslužite i uživajte!

Hranjivost (na 100 g): 613 kalorija 18,2 g masti 45 g ugljikohidrata 12 g bjelančevina 755 mg natrija

Pita kruh od cjelovitih žitarica punjen maslinama i slanutkom

Vrijeme pripreme: 10 minuta
Vrijeme za kuhanje: 20 minuta
Porcija: 2
Razina težine: prosječna

Sadržaj:

- 2 džepića pita od cjelovitog zrna
- 2 žlice. maslinovo ulje
- 2 češnja češnjaka nasjeckana
- 1 glavica luka nasjeckana
- ½ žličice kim
- 10 crnih maslina, nasjeckanih
- 2 c. kuhani slanutak
- Sol i papar

upute:

Narežite pita džepiće i ostavite sa strane. Postavite temperaturu na srednju i vratite tavu. Dodajte maslinovo ulje i zagrijte. U vruću tavu promiješajte češnjak, luk i kim te promiješajte kad luk omekša i kumin zamiriše. Dodajte masline, slanutak, sol i papar i sve zajedno miješajte dok slanutak ne porumeni.

Skinite tavu s vatre i drvenom kuhačom grubo zdrobite slanutak tako da dio bude čvrst, a dio zdrobljen.Žepke od pite zagrijte u mikrovalnoj, pećnici ili na štednjaku u čistoj tavi.

Napunite ih svojom mješavinom slanutka i uživajte!

Hranjivost (na 100 g):503 kalorije 19 g masti 14 g ugljikohidrata 15,7 g proteina 798 mg natrija

Pečena mrkva s orasima i cannellini grahom

Vrijeme pripreme: 10 minuta
Vrijeme za kuhanje: 45 minuta
Porcija: 4
Razina težine: prosječna

Sadržaj:

- 4 oguljene mrkve, nasjeckane
- 1 c. orah
- 1 velika žlica. med
- 2 žlice. maslinovo ulje
- 2 c. cannellini grah iz konzerve, ocijeđen
- 1 grančica svježeg timijana
- Sol i papar

upute:

Zagrijte pećnicu na 400 F/204 C i obložite pleh ili lim za pečenje papirom za pečenje Stavite mrkvu i orahe na obložen pleh ili tepsiju Mrkvu i orahe poprskajte maslinovim uljem i medom i sve utrljajte da bude svaki komadić premazano Rasporedite grah po plehu i stavite mrkvu i orahe

Dodajte majčinu dušicu i sve pospite solju i paprom Stavite lim u pećnicu i pecite oko 40 minuta.

Poslužite i uživajte

Hranjivost (na 100 g): 385 kalorija 27 g masti 6 g ugljikohidrata 18 g proteina 859 mg natrija

Začinjena piletina s maslacem

Vrijeme pripreme: 10 minuta
Vrijeme za kuhanje: 25 minuta
Porcija: 4
Razina težine: prosječna

Sadržaj:

- ½ c. Jaki šlag
- 1 velika žlica. Sol
- ½ c. juha od kostiju
- 1 velika žlica. Papar
- 4 žlice. Maslac
- 4 polovice pilećih prsa

upute:

Posudu za pečenje stavite u pećnicu na srednju temperaturu i dodajte žlicu maslaca. Kad se maslac zagrije i otopi, dodajte piletinu i pecite pet minuta sa svake strane. Nakon tog vremena, piletina bi trebala biti temeljito kuhana i zlatno smeđa; ako je tako, samo naprijed i stavite ga na tanjur.

Zatim ćete u toplu tavu dodati juhu od kostiju. Dodajte čvrsti šlag, sol i papar. Zatim ostavite tavu dok umak ne počne kuhati. Ostavite da se ovaj proces odvija pet minuta kako bi se umak zgusnuo.

Na kraju ćete u tavu dodati ostatak maslaca i vratiti piletinu. Obavezno žlicom stavite umak preko piletine i potpuno je ugušite.
Servis

Hranjivost (na 100 g):350 kalorija 25 g masti 10 g ugljikohidrata 25 g proteina 869 mg natrija

Dupla piletina sa slaninom i sirom

Vrijeme pripreme: 10 minuta

Vrijeme za kuhanje: 30 minuta

Porcija: 4

Razina težine: lako

Sadržaj:

- 4 oz. ili 113 g. Kremasti sir
- 1 c. Cheddar sir
- 8 trakica slanine
- morska sol
- Papar
- 2 češnja češnjaka sitno nasjeckana
- Pileća prsa
- 1 velika žlica. Slanina mast ili maslac

upute:

Pripremite pećnicu na 400 F/204 C. Pileća prsa prepolovite na tanko.

Začinite solju, paprom i češnjakom.Tepsiju premažite maslacem i u nju poslažite pileća prsa. Dodajte krem sir i cheddar sir na vrh prsa.

Dodajte ploške slanine. Stavite posudu u pećnicu na 30 minuta. Poslužite vruće

Hranjivost (na 100 g):610 kalorija 32 g masti 3 g ugljikohidrata 38 g proteina 759 mg natrija

Limun i papar škampi

Vrijeme pripreme: 10 minuta

Vrijeme za kuhanje: 10 minuta

Porcija: 4

Razina težine: lako

Sadržaj:

- 40 oguljenih škampa
- 6 češnja mljevenog češnjaka
- Sol i papar
- 3 žlice. maslinovo ulje
- ¼ žličice. slatka paprika
- Prstohvat mljevene crvene paprike
- ¼ žličice. ribana limunova korica
- 3 žlice. Sherry ili bilo koje drugo vino
- 1½ žlice narezani vlasac
- sok od 1 limuna

upute:

Postavite temperaturu na srednje jaku i zamijenite je tavom.

Dodajte ulje i kozice, pospite paprom i solju i kuhajte 1 minutu. Dodajte papriku, češnjak i čili ljuskice, promiješajte i kuhajte 1 minutu. Lagano umiješajte šeri i pustite da kuha još jednu minutu.

Skinite škampe s vatre, dodajte vlasac i koricu limuna, promiješajte i prebacite škampe na tanjure. Sa svake strane dodajte sok od limuna i poslužite.

Hranjivost (na 100 g): 140 kalorija 1 g masti 5 g ugljikohidrata 18 g proteina 694 mg natrija

Pohani i začinjeni iverak

Vrijeme pripreme: 5 minuta
Vrijeme za kuhanje: 25 minuta
Porcija: 4
Razina težine: lako

Sadržaj:

- ¼ c. nasjeckanog svježeg vlasca
- ¼ c. nasjeckani svježi kopar
- ¼ žličice. mljeveni crni papar
- ¾ c. Panko krušne mrvice
- 1 velika žlica. ekstra djevičansko maslinovo ulje
- 1 žličica sitno ribana limunova korica
- 1 žličica morska sol
- 1/3 c. nasjeckani svježi peršin
- 4 (6 oz. ili 170 g svaki) fileta iverka

upute:

U srednjoj zdjeli pomiješajte maslinovo ulje s preostalim sastojcima osim fileta iverka i krušnih mrvica.

Stavite filete iverka u smjesu i marinirajte 30 minuta Zagrijte pećnicu na 400 F/204 C Stavite foliju na lim za pečenje, namažite ga sprejom za kuhanje Umočite filete u prezle i stavite na lim za pečenje Pecite 20 minuta Poslužite vruće 20 minuta

Hranjivost (na 100 g): 667 kalorija 24,5 g masti 2 g ugljikohidrata 54,8 g bjelančevina 756 mg natrija

Losos s curryjem od senfa

Vrijeme pripreme: 10 minuta

Vrijeme za kuhanje: 20 minuta

Porcija: 4

Razina težine: lako

Sadržaj:

- ¼ žličice. mljevena crvena paprika ili kajenski papar
- ¼ žličice. kurkuma, mljevena
- ¼ žličice. sol
- 1 žličica med
- ¼ žličice. češnjak u prahu
- 2 žličice punog zrna gorušice
- 4 (6 oz. ili 170 g svaki) fileta lososa

upute:

Pomiješajte senf i sve sastojke osim lososa u zdjeli. Zagrijte pećnicu na 350 F/176 C. Podmažite posudu za pečenje sprejom za kuhanje. Stavite losos s kožom prema dolje na lim za pečenje i ravnomjerno rasporedite smjesu senfa po filetima. Stavite u pećnicu i pecite 10-15 minuta ili dok se ne ljušti

Hranjivost (na 100 g): 324 kalorije 18,9 g masti 1,3 g ugljikohidrata 34 g proteina 593 mg natrija

Losos s ljuskom oraha i ružmarina

Vrijeme pripreme: 10 minuta

Vrijeme za kuhanje: 25 minuta

Porcija: 4

Razina težine: prosječna

Sadržaj:

- 1 lb ili 450 gr. smrznuti file lososa bez kože
- 2 žličice Dijon senf
- 1 režanj češnjaka, samljeven
- ¼ žličice. koricu limuna
- ½ žličice med
- ½ žličice košer soli
- 1 žličica svježe nasjeckanog ružmarina
- 3 žlice. Panko krušne mrvice
- ¼ žličice. mljevena crvena paprika
- 3 žlice. nasjeckani orasi
- 2 žličice ekstra djevičansko maslinovo ulje

upute:

Pripremite pećnicu na 420 F/215 C i papirom za pečenje obložite lim za pečenje s rubom. U zdjeli pomiješajte senf, limunovu koricu, češnjak, limunov sok, med, ružmarin, mljevenu crvenu papriku i sol. U drugoj zdjeli pomiješajte orahe, panko i 1 žličicu ulja. Pleh obložiti papirom za pečenje i na njega poslagati losos.

Ribu namažite smjesom senfa i prelijte panko smjesom. Preostalo maslinovo ulje lagano poprskajte po lososu. Kuhajte oko 10-12 minuta ili dok se losos ne odvoji vilicom. Poslužite vruće

Hranjivost (na 100 g): 222 kalorije 12 g masti 4 g ugljikohidrata 0,8 g proteina 812 mg natrija

Brzi špageti od rajčice

Vrijeme pripreme: 10 minuta
Vrijeme za kuhanje: 25 minuta
Porcija: 4
Razina težine: prosječna

Sadržaj:

- 8 oz. ili 226,7 g špageta
- 3 žlice. maslinovo ulje
- 4 češnja češnjaka narezana na ploške
- 1 jalapeno, narezan
- 2 c. Cherry rajčice
- Sol i papar
- 1 žličica balsamico ocat
- ½ c. Parmezan, ribani

upute:

Zakuhajte vodu u velikom loncu na srednjoj vatri. Dodajte prstohvat soli i pustite da prokuha pa dodajte špagete. Neka kuha 8 minuta. Dok se tjestenina kuha, zagrijte ulje u tavi i dodajte češnjak i jalapeno. Kuhajte još 1 minutu pa umiješajte rajčice, papar i sol.

Kuhajte 5-7 minuta dok kožica rajčica ne popuca.

Dodajte ocat i maknite sa štednjaka. Špagete dobro ocijedite i pomiješajte s umakom od rajčice. Pospite sirom i odmah poslužite.

Hranjivost (na 100 g): 298 kalorija 13,5 g masti 10,5 g ugljikohidrata 8 g bjelančevina 749 mg natrija

Papar timijan pečeni sir

Vrijeme pripreme: 10 minuta
Vrijeme za kuhanje: 25 minuta
Porcija: 4
Razina težine: lako

Sadržaj:

- 8 oz. odnosno 226,7 g feta sira
- 4 oz. ili 113 g mozzarelle, izmrvljene
- 1 narezana ljuta papričica
- 1 žličica sušeni timijan
- 2 žlice. maslinovo ulje

upute:

Posni sir stavite u manji dublji pleh za pečenje. Na vrh stavite mozzarella sir, a zatim začinite ploškama paprike i majčinom dušicom. Pokrijte strop poklopcem. Pecite u prethodno zagrijanoj pećnici na 350 F/176 C 20 minuta. Poslužite sir i uživajte.

Hranjivost (na 100 g): 292 kalorije 24,2 g masti 5,7 g ugljikohidrata 2 g bjelančevina 733 mg natrija

311. Hrskava talijanska piletina

Vrijeme pripreme: 10 minuta
Vrijeme za kuhanje: 30 minuta
Porcija: 4
Razina težine: lako

Sadržaj:

- 4 pileće nogice
- 1 žličica sušeni bosiljak
- 1 žličica sušeni timijan
- Sol i papar
- 3 žlice. maslinovo ulje
- 1 velika žlica. balsamico ocat

upute:

Piletinu dobro začinite bosiljkom i majčinom dušicom. Pomoću posude dodajte ulje i zagrijte ga. Na vrelo ulje dodajte piletinu. Pecite 5 minuta sa svake strane dok ne porumene, a zatim pokrijte tavu poklopcem.

Postavite vatru na srednju temperaturu i pecite 10 minuta s jedne strane, zatim okrenite piletinu iznova i iznova i pecite još 10 minuta dok ne postane hrskava. Poslužite piletinu i uživajte.

Hranjivost (na 100 g): 262 kalorije 13,9 g masti 11 g ugljikohidrata 32,6 g bjelančevina 693 mg natrija

Muffini za pizzu od kvinoje

Vrijeme pripreme: 15 minuta

Vrijeme za kuhanje: 30 minuta

Porcija: 4

Razina težine: lako

Sadržaj:

- 1 šalica nekuhane kvinoje
- 2 velika jaja
- ½ srednjeg luka, nasjeckanog
- 1 šalica nasjeckane paprike
- 1 šalica ribanog mozzarella sira
- 1 žlica sušenog bosiljka
- 1 žlica osušene majčine dušice
- 2 žličice češnjaka u prahu
- 1/8 žličice soli
- 1 žličica pečene crvene paprike
- ½ šalice pečene crvene paprike, nasjeckane*
- Umak za pizzu, oko 1-2 šalice

upute:

Zagrijte pećnicu na 350oF. Skuhajte kvinoju prema uputama. Pomiješajte sve sastojke (osim umaka) u posudi. Sve sastojke dobro promiješajte.

Smjesu za pizzu s kvinojom ravnomjerno rasporedite u kalup za muffine. Dobije se 12 muffina. Pecite 30 minuta dok muffini ne porumene i hrskavi po rubovima.

Prelijte s 1 ili 2 žlice umaka za pizzu i uživajte!

Hranjivost (na 100 g): 303 kalorije 6,1 g masti 41,3 g ugljikohidrata 21 g proteina 694 mg natrija

Kruh od ružmarina i oraha

Vrijeme pripreme: 5 minuta

Vrijeme za kuhanje: 45 minuta

Porcija: 8

Razina težine: teško

Sadržaj:

- ½ šalice nasjeckanih oraha
- 4 žlice svježeg, nasjeckanog ružmarina
- 1 1/3 šalice tople gazirane vode
- 1 žlica meda
- ½ šalice ekstra djevičanskog maslinovog ulja
- 1 žličica jabučnog octa
- 3 jaja
- 5 žličica instant granula suhog kvasca
- 1 žličica soli
- 1 žlica ksantanske gume
- ¼ šalice mlaćenice u prahu
- 1 šalica bijelog rižinog brašna
- 1 šalica škroba tapioke
- 1 šalica škroba arrowroota
- 1 ¼ šalice višenamjenske Bob's Red Mill mješavine brašna bez glutena

upute:

U velikoj zdjeli za miješanje dobro umutite jaja. Dodajte 1 šalicu tople vode, med, maslinovo ulje i ocat.

Uz neprestano miješanje dodajte ostale sastojke osim ružmarina i oraha.

Nastavi udarati. Ako je tijesto pretvrdo, umiješajte malo tople vode. Tijesto treba biti rahlo i gusto.

Zatim dodajte ružmarin i orahe i nastavite mijesiti dok ne postane homogeno.

Zdjelu s tijestom pokrijte čistim ručnikom, stavite na toplo mjesto i ostavite da se diže 30 minuta.

Petnaest minuta prije vremena dizanja zagrijte pećnicu na 400oF.

Obilno namažite 2 litre pećnice maslinovim uljem i prethodno zagrijte unutrašnjost pećnice bez poklopca.

Nakon što se tijesto diglo, izvadite pleh iz pećnice i stavite tijesto u njega. Mokrom lopaticom ravnomjerno rasporedite vrh tijesta u posudu.

Premažite vrhove kruha s 2 žlice maslinovog ulja, isključite pećnicu i pecite 35 do 45 minuta. Nakon što je kruh pečen izvadite ga iz pećnice. I lagano izvadite kruh iz posude. Ostavite kruh da se ohladi najmanje deset minuta prije rezanja. Poslužite i uživajte.

Hranjivost (na 100 g): 424 kalorije 19 g masti 56,8 g ugljikohidrata 7 g bjelančevina 844 mg natrija

ukusni panini od rakova

Vrijeme pripreme: 5 minuta

Vrijeme za kuhanje: 10 minuta

Porcija: 4

Razina težine: lako

Sadržaj:

- 1 žlica maslinovog ulja
- Francuski kruh razdvojiti i narezati poprečno
- 1 lb škampi rak
- ½ šalice celera
- ¼ šalice nasjeckanog mladog luka
- 1 žličica Worcestershire umaka
- 1 žličica soka od limuna
- 1 žlica Dijon senfa
- ½ šalice svijetle majoneze

upute:

U srednjoj zdjeli dobro izmiješajte: celer, luk, Worcestershire, limunov sok, senf i majonezu. Začinite paprom i solju. Zatim polako dodajte bademe i rakove.

Odrezane rubove kruha premažite maslinovim uljem i premažite smjesom od rakova prije prekrivanja drugom kriškom kruha.

Pecite sendvič u preši za panini dok kruh ne postane hrskav i nadođe.

Hranjivost (na 100 g): 248 kalorija 10,9 g masti 12 g ugljikohidrata 24,5 g bjelančevina 845 mg natrija

Izvrsna pizza i torta

Vrijeme pripreme: 35 minuta

Vrijeme za kuhanje: 15 minuta

Porcija: 10

Razina težine: teško

Sadržaj:

- <u>Za tijesto za pizzu:</u>
- 2 žličice meda
- 1/4 oz. aktivni suhi kvasac
- 11/4 šalice mlake vode (oko 120°F)
- 2 žlice maslinovog ulja
- 1 žličica morske soli
- 3 šalice brašna od cjelovitog zrna + 1/4 šalice, koliko je potrebno za valjanje
- <u>Za vrh pizze:</u>
- 1 šalica pesto umaka
- 1 šalica srca artičoke
- 1 šalica uvelih listova špinata
- 1 šalica osušenih rajčica
- 1/2 šalice Kalamata maslina
- 4 oz. posni sir
- 4 oz. Miješani sir koji se sastoji od jednakih dijelova nemasne mozzarelle, asiago i provolone maslinovog ulja

- <u>Dodatna proširenja vrha:</u>
- zeleni papar
- Trake pilećih prsa Svježi bosiljak
- Pinjoli

upute:

Za tijesto za pizzu:

Zagrijte pećnicu na 350°F.

Pomiješajte med i kvasac s toplom vodom u svom multipraktiku s nastavkom za tijesto. Miješajte smjesu dok se potpuno ne sjedini. Ostavite smjesu da odstoji 5 minuta kako bi se kvasac aktivirao stvaranjem mjehurića na površini.

Ulijte maslinovo ulje. Dodajte sol i miješajte pola minute. Postupno dodajte 3 šalice brašna, otprilike pola šalice odjednom, miješajući nekoliko minuta između svakog dodavanja.

Mijesite smjesu 10 minuta, dok vaš procesor ne postane gladak i elastičan, posipajući brašnom po potrebi da se tijesto ne zalijepi za površine zdjele procesora.

Izvadite tijesto iz zdjele. Ostavite da odstoji 15 minuta, pokrijte vlažnim, toplim ručnikom.

Razvaljajte tijesto pola centimetra debljine, po potrebi pospite brašnom. Vilicom izbušite nasumične rupe u tijestu kako biste spriječili da se korica digne.

Stavite perforirano, razvaljano tijesto na kamen za pizzu ili lim za pečenje. Kuhajte 5 minuta.

Za vrh pizze:

Pečenu koru pizze lagano premažite maslinovim uljem.

Prelijte pesto preko umaka i dobro ga rasporedite po površini kore pizze, ostavljajući pola inča prostora oko rubova za koru.

Pizzu nadjenite srcima artičoka, listovima uvelog špinata, sušenim rajčicama i maslinama. (Dodajte još dodataka po želji.) Prelijte sirom.

Stavite pizzu izravno na rešetku pećnice. Pecite 10 minuta, dok sir ne zabubi i otopi se od sredine prema kraju. Ostavite pizzu da se ohladi 5 minuta prije rezanja.

Hranjivost (na 100 g): 242,8 kalorija 15,1 g masti 15,7 g ugljikohidrata 14,1 g bjelančevina 942 mg natrija

Margherita Mediteranski model

Vrijeme pripreme: 15 minuta

Vrijeme za kuhanje: 15 minuta

Porcija: 10

Razina težine: teško

Sadržaj:

- 1 kora za pizzu
- 2 žlice maslinovog ulja
- 1/2 šalice zgnječenih rajčica
- 3-Roma rajčice, narezane na 1/4 inča debljine
- 1/2 šalice svježeg lišća bosiljka, tanko narezanog
- 6 oz. blok sira mozzarella, izrezati na 1/4-inčne kriške, osušiti papirnatim ručnicima
- 1/2 žličice morske soli

upute:

Zagrijte pećnicu na 450°F.

Koru pizze lagano premažite maslinovim uljem. Dobro rasporedite zgnječene rajčice preko kore pizze, ostavljajući pola inča kore oko rubova.

Nadjenite pizzu ploškama Roma rajčice, listićima bosiljka i ploškama mozzarelle. Pizzu pospite solju.

Prebacite pizzu izravno na rešetku pećnice. Pecite dok se sir ne otopi od sredine prema kori. Ostavite sa strane prije rezanja.

Hranjivost (na 100 g): 251 kalorija 8 g masti 34 g ugljikohidrata 9 g proteina 844 mg natrija

Prijenosni pakirani komadi za piknik

Vrijeme pripreme: 5 minuta

Vrijeme za kuhanje: 0 minuta

Porcija: 1

Razina težine: lako

Sadržaj:

- 1 kriška integralnog kruha, narezana na komade veličine zalogaja
- 10 cherry rajčica
- 1/4 oz. stari sir, narezan
- 6 maslina sušenih u ulju

upute:

Spakirajte svaki sastojak u prijenosnu posudu koja će vam služiti dok grickate u pokretu.

Hranjivost (na 100 g): 197 kalorija 9 g masti 22 g ugljikohidrata 7 g proteina 499 mg natrija

Fritata punjena ukusnim tikvicama i umakom od rajčice

Vrijeme pripreme: 10 minuta

Vrijeme za kuhanje: 15 minuta

Porcija: 4

Razina težine: lako

Sadržaj:

- 8 jaja
- 1/4 žličice mljevene paprike
- 1/4 žličice soli
- 1 žlica maslinovog ulja
- 1 manja tikvica, tanko narezana po dužini
- 1/2 šalice crvenih ili žutih cherry rajčica, prepolovljenih
- 1/3 - šalice krupno nasjeckanih oraha
- 2 oz. kuglice svježe mozzarelle veličine zalogaja (bocconcini)

upute:

Prethodno zagrijte svog brojlera. U međuvremenu, u srednjoj posudi umutite jaja, mljevenu papriku i sol. Ostavite ga sa strane.

Zagrijte maslinovo ulje u tavi otpornoj na broilere od 10 inča na srednje jakoj vatri. Na dno posude ravnomjerno posložite ploške tikvica. Kuhajte 3 minute, preokrenite jednom do pola.

Sloj tikvica napunite cherry rajčicama. Prelijte smjesu jaja preko povrća u tavi. Ukrasite orasima i kuglicama mozzarelle.

Prebacite na srednju temperaturu. Kuhajte dok se rubovi ne počnu stvrdnjavati. Lopaticom podignite fritaju kako bi se nekuhani dijelovi smjese od jaja slijevali prema dolje.

Stavite posudu na brojlere. Kuhajte fritaju 4 inča od vatre 5 minuta, dok se vrh ne stegne. Fritatu narežite na kriške za posluživanje.

Hranjivost (na 100 g): 284 kalorije 14 g masti 4 g ugljikohidrata 17 g proteina 788 mg natrija

Banana kruh s vrhnjem

Vrijeme pripreme: 10 minuta
Vrijeme za kuhanje: 1 sat i 10 minuta
Porcija: 32
Razina težine: prosječna

Sadržaj:

- Bijeli šećer (0,25 šalice)
- Cimet (1 žličica + 2 žličice)
- Maslac (.75)
- Bijeli šećer (3 šalice)
- jaje (3)
- Vrlo zrela banana, pasirana (6)
- Kiselo vrhnje (16 oz. šalica)
- Ekstrakt vanilije (2 žličice)
- Sol (0,5 žličice)
- Soda bikarbona (3 žličice)
- Višenamjensko brašno (4,5 šalice)
- Po želji: sjeckani orasi (1 šalica)
- Također je potrebno: 4 - 7 x 3-inčnih posuda za kruh

upute:

Stavite pećnicu na 300° Fahrenheita. Namastite kalupe za mesne okruglice.

Prosijte šećer i žličicu cimeta. Smjesom pobrašnite pleh.

Maslac pjenasto izradite s ostatkom šećera. Banane izgnječiti s jajima, cimetom, vanilijom, kiselim vrhnjem, soli, praškom za pecivo i brašnom. Posljednje bacite orahe.

Ulijte smjesu u kalupe. Kuhajte sat vremena. Servis

Hranjivost (na 100 g): 263 kalorije 10,4 g masti 9 g ugljikohidrata 3,7 g bjelančevina 633 mg natrija

Domaća pita kruh

Vrijeme pripreme: 15 minuta
Vrijeme za kuhanje: 5 sati (uključujući vremena porasta)
Porcija: 7
Razina težine: teško

Sadržaj:

- Suhi kvasac (0,25 oz.)
- Šećer (0,5 žličice)
- Mješavina krušnog brašna/višenamjenskog i cjelovitog pšeničnog brašna (2,5 šalice + više za posipanje)
- Sol (0,5 žličice)
- Voda (0,25 šalica ili po potrebi)
- ulja po potrebi

upute:

Otopite kvasac i šećer u pola čaše tople vode u maloj posudi za miješanje. Pričekajte oko 15 minuta (gotovo kad se zapjeni).

U drugu zdjelu prosijte brašno i sol. Napravite udubinu u sredini i dodajte smjesu kvasca (+) čašu vode. Umijesiti tijesto.

Stavite na lagano pobrašnjenu površinu i premijesite.

Stavite kap ulja na dno velike zdjele i zarolajte tijesto da prekrije površinu.

Stavite vlažnu kuhinjsku krpu preko zdjele s tijestom. Zamotajte zdjelu u vlažnu krpu i stavite je na toplo mjesto najmanje dva sata ili preko noći. (Tijesto će se udvostručiti).

Izbušite tijesto i premijesite kruh te ga podijelite na male loptice. Kuglice spljoštite u debele ovalne diskove.

Pomoću brašna pospite kuhinjsku krpu i stavite ovalne diskove na vrh, ostavljajući dovoljno prostora između njih da se rašire. Pospite brašnom i na vrh stavite drugu čistu krpu. Ostavite da se diže još jedan do dva sata.

Stavite pećnicu na 425° Fahrenheita. Stavite nekoliko plehova u pećnicu da se kratko zagriju. Zagrijane tepsije malo namazati uljem i na njih poslagati ovalne kolutove kruha.

Ovale lagano poškropite vodom i pecite dok lagano ne porumene, odnosno šest do osam minuta.

Poslužite ih dok su vruće. Stavite somun na rešetku, a zatim ga zamotajte u čistu, suhu krpu kako bi ostao mekan.

Hranjivost (na 100 g): 210 kalorija 4 g masti 6 g ugljikohidrata 6 g proteina 881 mg natrija

sendviči s vaflima

Vrijeme pripreme: 10 minuta
Vrijeme za kuhanje: 20 minuta
Porcije: 6
Razina težine: lako

Sadržaj:

- Maslinovo ulje (1 žlica)
- Riža sa 7 zrna (pakiranje od 8,5 oz.)
- Engleski krastavac bez sjemenki (1 šalica)
- Rajčice sa sjemenkama (1 šalica)
- Izmrvljeni feta sir (0,25 šalice)
- Svježi sok od limuna (2 žlice)
- Svježe mljeveni crni papar (0,25 žličice)
- Obični humus (šalica od 7 oz.)
- Bijela vafla od cjelovitog zrna (3 po 2,8 oz.)

upute:

Skuhajte i ohladite rižu prema uputama na pakiranju.

Nasjeckajte i pomiješajte rajčice, krastavce, sir, ulje, papar i limunov sok. Preklopite pilav.

Pripremite obloge s humusom s jedne strane. Žlicom grabiti i savijati pilav.

Narežite na sendviče i poslužite.

Hranjivost (na 100 g): 310 kalorija 9 g masti 8 g ugljikohidrata 10 g proteina 745 mg natrija

Mezze tanjur s tostiranim Zaatar pita kruhom

Vrijeme pripreme: 10 minuta
Vrijeme za kuhanje: 10 minuta
Porcija: 4
Razina težine: prosječna

Sadržaj:

- Pita od cjelovitog zrna pšenice (4)
- Maslinovo ulje (4 žlice)
- Zaatar (4 žličice)
- grčki jogurt (1 šalica)
- Crni papar i košer sol (po izboru)
- Humus (1 šalica)
- Marinirana srca artičoke (1 šalica)
- Miješane masline (2 šalice)
- Narezana pečena crvena paprika (1 šalica)
- Cherry rajčice (2 šalice)
- Salama (4 oz.)

upute:

Koristite srednje jaku postavku topline za zagrijavanje velike tave.

Pita kruh malo namazati uljem s obje strane i dodati zaatar za začin.

Pripremite pitu u serijama tako da je dodate u tavu i pržite dok ne porumeni. Trebalo bi trajati oko dvije minute sa svake strane. Svaku pitu prerežite na četiri dijela.

Jogurt začinite solju i paprom.

Za sastavljanje narežite krumpire i dodajte humus, jogurt, srca artičoke, masline, papriku, rajčice i salamu.

Hranjivost (na 100 g): 731 kalorija 48 g masti 10 g ugljikohidrata 26 g proteina 632 mg natrija

Mini shawarma s piletinom

Vrijeme pripreme: 10 minuta
Vrijeme za kuhanje: 1 sat i 15 minuta
Porcija: 8
Razina težine: lako

Sadržaj:

- <u>Piletina:</u>
- Pileći meki (1 lb.)
- Maslinovo ulje (0,25 šalica)
- Limun - korica i sok (1)
- kumin (1 žličica)
- Češnjak u prahu (2 žličice)
- Dimljena paprika (0,5 žličice)
- Korijander (.75 žličica)
- Svježe mljeveni crni papar (1 žličica)
- <u>SOS:</u>
- Grčki jogurt (1,25 šalice)
- Sok od limuna (1 žlica)
- naribani režanj češnjaka (1)
- Svježe nasjeckani kopar (2 žlice)
- Crni papar (0,125 žličice/po ukusu)
- Košer sol (po izboru)
- Sjeckani svježi peršin (0,25 šalice)
- Crveni luk (polovica 1)

- Zelena salata (4 lista)
- engleski krastavac (polovica od 1)
- rajčica (2)
- Mini pita kruh (16)

upute:

Ubacite piletinu u vrećicu s patentnim zatvaračem. Umutite sastojke za piletinu i dodajte u vrećicu da se marinira oko sat vremena.

Pripremite umak miješanjem soka, češnjaka i jogurta u posudi za miješanje. Umiješajte kopar, peršin, papar i sol. Stavite u hladnjak.

Zagrijte tavu na srednje jakoj temperaturi. Premjestite piletinu iz marinade (ostavite da se višak ocijedi).

Kuhajte dok se dobro ne skuha, odnosno oko četiri minute sa svake strane. Nasjeckajte na trakice veličine zalogaja.

Mrkvu i luk narežite na tanke ploške. Zelenu salatu naribajte, a rajčice nasjeckajte. Sastavite i dodajte pitas - piletina, zelena salata, luk, rajčice i krastavci.

Hranjivost (na 100 g): 216 kalorija 16 g masti 9 g ugljikohidrata 9 g proteina 745 mg natrija

pizza od patlidžana

Vrijeme pripreme: 10 minuta
Vrijeme za kuhanje: 30 minuta
Porcije: 6
Razina težine: prosječna

Sadržaj:

- Patlidžan (1 veliki ili 2 srednja)
- Maslinovo ulje (0,33 šalice)
- Crni papar i sol (po ukusu)
- Marinara umak - kupovni/domaći (1,25 šalice)
- Naribani mozzarella sir (1,5 šalica)
- Cherry rajčice (2 šalice - prepolovljene)
- Natrgani listovi bosiljka (0,5 šalice)

upute:

Zagrijte pećnicu na 400° Fahrenheita. Pripremite lim za pečenje slojem papira za pečenje.

Odrežite krajeve/vrhove patlidžana i narežite ih na kriške od ¾ inča. Kriške stavite na pripremljeni pladanj i obje strane premažite maslinovim uljem. Pospite paprom i solju po svom ukusu.

Pržite patlidžan dok ne omekša (10 do 12 minuta).

Izvadite pleh iz pećnice i svaki dio prelijte s dvije žlice umaka. Na vrh stavite mozzarella sir i na vrh stavite tri do pet komada rajčice.

Kuhajte dok se sir ne otopi. Rajčice bi trebale početi mjehuriti za otprilike pet do sedam minuta.

Izvadite pleh iz rerne. Ukrasite bosiljkom i poslužite.

Hranjivost (na 100 g): 257 kalorija 20 g masti 11 g ugljikohidrata 8 g proteina 789 mg natrija

Mediteranska integralna pizza

Vrijeme pripreme: 10 minuta
Vrijeme za kuhanje: 25 minuta
Porcija: 4
Razina težine: lako

Sadržaj:

- integralno tijesto za pizzu (1)
- Pesto od bosiljka (staglica od 4 oz.)
- Srca artičoke (0,5 šalice)
- Kalamata masline (2 žlice)
- Pepperoncini (2 žlice ocijeđene)
- Feta sir (0,25 šalica)

upute:

Programirajte pećnicu na 450° Fahrenheita.

Artičoke ocijedite i narežite na komade. Narežite/nasjeckajte papriku i masline.

Koru za pizzu stavite na pobrašnjenu radnu površinu i premažite pestom. Na pizzu stavite artičoke, ploške pepperoncinija i masline. Na kraju izmrviti i dodati fetu.

Pecite 10-12 minuta. Servis.

Hranjivost (na 100 g): 277 kalorija 18,6 g masti 8 g ugljikohidrata 9,7 g bjelančevina 841 mg natrija

Špinat i bijela pita zapečena

Vrijeme pripreme: 5 minuta
Vrijeme za kuhanje: 22 minute
Porcije: 6
Razina težine: teško

Sadržaj:

- Pesto od sušene rajčice (kada od 6 oz.)
- Roma - rajčice šljive (2 nasjeckane)
- Pita kruh od cjelovitog zrna pšenice (Six 6 inča)
- Špinat (1 vezica)
- Šampinjoni (4 kriške)
- Naribani parmezan (2 žlice)
- Izmrvljeni feta sir (0,5 šalice)
- Maslinovo ulje (3 žlice)
- Crni papar (po želji)

upute:

Stavite pećnicu na 350° Fahrenheita.

Namažite pesto s jedne strane svakog pita kruha i stavite na lim za pečenje (strana s pestom prema gore).

Operite i nasjeckajte špinat. Prelijte pite špinatom, gljivama, rajčicama, fetom, paprikom, parmezanom, paprikom i malo ulja.

Pecite u vrućoj pećnici dok pita kruh ne postane hrskav (12 minuta). Podijelite pite na četiri dijela.

Hranjivost (na 100 g): 350 kalorija 17,1 g masti 9 g ugljikohidrata 11,6 g proteina 712 mg natrija

Bijela lubenica i balzamična pizza

Vrijeme pripreme: 10 minuta
Vrijeme za kuhanje: 15 minuta
Porcija: 4
Razina težine: lako

Sadržaj:

- Lubenica (1 inč debljine od sredine)
- Izmrvljeni feta sir (1 oz.)
- Narezane Kalamata masline (5-6)
- Listovi mente (1 žličica)
- Balsamic glazura (0,5 žlice)

upute:

Najširi dio lubenice prepolovite. Zatim svaku polovicu podijelite na četiri.

Poslužite na okruglom tanjuru za pitu kao pizzu i pospite maslinama, sirom, listićima mente i glazurom.

Hranjivost (na 100 g): 90 kalorija 3 g masti 4 g ugljikohidrata 2 g proteina 761 mg natrija

Burgeri s miješanim začinima

Vrijeme pripreme: 10 minuta
Vrijeme za kuhanje: 30 minuta
Porcije: 6
Razina težine: prosječna

Sadržaj:

- srednji luk (1)
- Svježi peršin (3 žlice)
- režanj češnjaka (1)
- mljevena piment (.75 žličica)
- Papar (.75 žličica)
- Mljeveni muškatni oraščić (0,25 žličice)
- Cimet (0,5 žličice)
- Sol (0,5 žličice)
- Svježa menta (2 žlice)
- 90% nemasna mljevena junetina (1,5 lb.)
- Po želji: Hladni Tzatziki umak

upute:

Peršin, metvicu, češnjak i luk sitno nasjeckajte/narežite.

Umiješajte muškatni oraščić, sol, cimet, papar, piment, češnjak, metvicu, peršin i luk.

Dodajte govedinu i napravite šest (6) pravokutnih pljeskavica veličine 2x4 inča.

Koristite srednju postavku topline za pečenje pljeskavica ili prženje četiri inča od topline 6 minuta sa svake strane.

Kada završite, termometar za meso zabilježit će 160 stupnjeva Fahrenheita. Poslužite s umakom po želji.

Hranjivost (na 100 g): 231 kalorija 9 g masti 10 g ugljikohidrata 32 g proteina 811 mg natrija

Sendviči od pršuta - zelene salate - rajčice i avokada

Vrijeme pripreme: 10 minuta
Vrijeme za kuhanje: 10 minuta
Porcija: 4
Razina težine: lako

Sadržaj:

- Pršut (2 oz./8 tankih kriški)
- Zreli avokado (prepoloviti)
- Zelena salata (4 cijela lista)
- velike zrele rajčice (1)
- Kriške kruha od cjelovitog ili integralnog kruha (8)
- Crni papar i košer sol (0,25 žličice)

upute:

Listove zelene salate narežite na osam dijelova (ukupno). Narežite rajčicu na osam krugova. Tostirajte kruh i stavite ga na tanjur.

Ogulite avokado i stavite ga u zdjelu za miješanje. Lagano pospite paprom i solju. Umutite ili lagano zgnječite avokado dok ne postane kremast. Namazati na kruh.

Napravite sendvič. Uzmite krišku tosta od avokada; Na vrh stavite list zelene salate, plošku pršuta i plošku rajčice. Dodajte još jednu krišku zelene salate rajčice i nastavite.

Ponavljati postupak dok se svi sastojci ne potroše.

Hranjivost (na 100 g): 240 kalorija 9 g masti 8 g ugljikohidrata 12 g proteina 811 mg natrija

Tart od špinata

Vrijeme pripreme: 10 minuta
Vrijeme za kuhanje: 60 minuta
Porcije: 6
Razina težine: prosječna

Sadržaj:

- Otopljeni maslac (0,5 šalice)
- Smrznuti špinat (pakiranje od 10 oz.)
- Svježi peršin (0,5 šalice)
- Zeleni luk (0,5 šalice)
- Svježi kopar (0,5 šalice)
- Izmrvljeni feta sir (0,5 šalice)
- Krem sir (4 oz.)
- Svježi sir (4 oz.)
- Parmezan (2 žlice naribanog)
- velika jaja (2)
- Biber i sol (po ukusu)
- filo tijesto (40 listova)

upute:

Zagrijte pećnicu na 350° Fahrenheita.

Nasjeckajte/isjeckajte luk, kopar i peršin. Odmrznite špinat i listove peciva. Špinat ocijedite na suho.

Pomiješajte špinat, mladi luk, jaja, sir, peršin, kopar, papar i sol u blenderu dok ne postane kremasto.

Pripremite malo filo tijesto tako da napunite žličicom smjese od špinata.

Lagano premažite vanjsku stranu trokuta i stavite ih šavovima prema dolje na nepodmazan lim za pečenje.

Stavite u zagrijanu pećnicu i pecite dok ne porumene i ne napuhnu (20-25 minuta). Poslužite vruće.

Hranjivost (na 100 g):555 kalorija 21,3 g masti 15 g ugljikohidrata 18,1 g bjelančevina 681 mg natrija

Bijeli pileći burgeri

Vrijeme pripreme: 10 minuta
Vrijeme za kuhanje: 30 minuta
Porcije: 6
Razina težine: prosječna

Sadržaj:

- ¼ šalice majoneze sa smanjenim udjelom masti
- ¼ šalice sitno nasjeckanog krastavca
- ¼ žličice crnog papra
- 1 žličica češnjaka u prahu
- ½ šalice nasjeckane pečene slatke crvene paprike
- ½ žličice grčkog začina
- 1,5 lb nemasna piletina
- 1 šalica izmrvljenog feta sira
- 6 peciva za hamburger od integralnog brašna

upute:

Zagrijte brojlere u pećnici. Pomiješajte majonezu i krastavac. Ostavite ga sa strane.

Pomiješajte začine i papriku za pljeskavice. Piletinu i sir dobro izmiješajte. Oblikujte smjesu u pljeskavice debljine 6 ½ inča.

Kuhajte hamburgere u broileru i stavite ih oko četiri inča od izvora topline. Kuhajte dok termometar ne dosegne 165° Fahrenheita.

Poslužite s pogačicama i preljevom od krastavaca. Po želji ukrasite rajčicama i zelenom salatom i poslužite.

Hranjivost (na 100 g): 356 kalorija 14 g masti 10 g ugljikohidrata 31 g proteina 691 mg natrija

Pečena svinjetina za tacose

Vrijeme pripreme: 10 minuta

Vrijeme za kuhanje: 1 sat i 15 minuta

Porcije: 6

Razina težine: prosječna

Sadržaj:

- Svinjska lopatica (4 lb.)
- Sjeckane zelene paprike (2 - 4 oz. limenke)
- Čili u prahu (0,25 šalice)
- Suhi timijan (1 žličica)
- Taco začin (1 žličica)
- Češnjak (2 žličice)
- Sol (1,5 žličica ili po želji)

upute:

Stavite pećnicu na 300° Fahrenheita.

Stavite pečenje na veliki list aluminijske folije.

Ocijedite paprike. Naribajte češnjak.

Umiješajte zeleni čili, začin za taco, čili u prahu, majčinu dušicu i češnjak. Smjesu rasporedite po pečenju i prekrijte folijom.

Stavite zamotanu svinjetinu na lim za kolačiće na rešetku za pečenje kako biste uhvatili eventualno curenje.

Pecite 3,5-4 sata u vrućoj pećnici dok se ne rasprši. Kuhajte dok sredina ne dosegne najmanje 145° Fahrenheita kada se testira termometrom za meso (unutarnja temperatura).

Premjestite pečeno u blok za sjeckanje kako biste ga razbili na male komadiće pomoću dvije vilice. Začinite po želji.

Hranjivost (na 100 g): 290 kalorija 17,6 g masti 12 g ugljikohidrata 25,3 g bjelančevina 471 mg natrija

Talijanski kolač od jabuka i maslinovog ulja

Vrijeme pripreme: 10 minuta
Vrijeme za kuhanje: 1 sat i 10 minuta
Porcija: 12
Razina težine: prosječna

Sadržaj:

- Gala jabuke (2 velike)
- Sok od naranče - za namakanje jabuka
- Višenamjensko brašno (3 šalice)
- Mljeveni cimet (0,5 žličice)
- muškatni oraščić (0,5 žličice)
- Soda bikarbona (1 žličica)
- Soda bikarbona (1 žličica)
- Šećer (1 šalica)
- Maslinovo ulje (1 šalica)
- velika jaja (2)
- Zlatne grožđice (0,66 šalice)
- Slastičarski šećer - za posipanje
- Također je potrebno: tepsija od 9 inča

upute:

Ogulite i sitno nasjeckajte jabuke. Prelijte s dovoljno soka od naranče da jabuke ne porumene.

Grožđice namočite u toploj vodi 15 minuta i dobro ocijedite.

Prosijte prašak za pecivo, brašno, prašak za pecivo, cimet i muškatni oraščić. Ostavite to sa strane za sada.

U zdjelu samostojećeg miksera ulijte maslinovo ulje i šećer. Miješajte na niskoj razini 2 minute ili dok se dobro ne sjedini.

Miješajte dok radite, razbijte jedno po jedno jaje i nastavite miksati 2 minute. Smjesa bi trebala povećati volumen; treba biti gust - ne tekući.

Sve sastojke lijepo sjediniti. Napravite rupu u sredini mješavine brašna i dodajte smjesu maslina i šećera.

Jabukama ocijedite višak soka, a namočene grožđice procijedite. Dodajte ih zajedno s tijestom, dobro izmiješajte.

Pripremiti pleh sa papirom za pečenje. Stavite tijesto na pleh i poravnajte ga stražnjom stranom drvene kuhače.

Pecite na 350 stupnjeva Fahrenheita 45 minuta.

Kada je torta gotova, skinite je s masnog papira i stavite je na tanjur za posluživanje. Pospite slastičarskim šećerom. Zagrijte tamni med da ukrasite vrh.

Hranjivost (na 100 g): 294 kalorije 11 g masti 9 g ugljikohidrata 5,3 g proteina 691 mg natrija

Brza tilapija s crvenim lukom i avokadom

Vrijeme pripreme: 10 minuta

Vrijeme za kuhanje: 5 minuta

Porcija: 4

Razina težine: prosječna

Sadržaj:

- 1 žlica ekstra djevičanskog maslinovog ulja
- 1 žlica svježe iscijeđenog soka od naranče
- ¼ žličice košer ili morske soli
- 4 (4 unce) fileta tilapije, duži od kvadrata, s kožom ili kožom
- ¼ šalice nasjeckanog crvenog luka
- 1 avokado

upute:

Pomiješajte ulje, sok od naranče i sol u staklenom tanjuru od 9 inča. Istovremeno raditi na filetima, svaki staviti na tanjur za pite i premazati sa svih strana. Oblikujte filete u formaciji kotača vagona. Na svaki file pospite 1 žlicom luka, a zatim preklopite kraj filea koji visi preko luka. Kad ste gotovi, trebali biste imati 4 presavijena fileta sa presavijenom stranom prema vanjskom rubu tanjura, a krajevima prema sredini.

Zamotajte posudu u plastiku, ostavite mali komadić otvoren kako bi para izašla. Kuhajte na jakoj vatri oko 3 minute u mikrovalnoj. Kad je gotov, trebao bi se laganim pritiskom vilicom raspasti na listiće (komadice). Ukrasite filete avokadom i poslužite.

Hranjivost (na 100 g): 200 kalorija 3 g masti 4 g ugljikohidrata 22 g proteina 811 mg natrija

Riba na žaru s limunom

Vrijeme pripreme: 10 minuta
Vrijeme za kuhanje: 10 minuta
Porcija: 4
Razina težine: teško

Sadržaj:

- 4 (4 unce) ribljih fileta
- neljepljivi sprej za kuhanje
- 3 do 4 srednja limuna
- 1 žlica ekstra djevičanskog maslinovog ulja
- ¼ žličice svježe mljevenog crnog papra
- ¼ žličice košer ili morske soli

upute:

Posušite filete papirnatim ručnicima i ostavite da odstoje na sobnoj temperaturi 10 minuta. U međuvremenu premažite hladnu rešetku roštilja neljepljivim sprejom za kuhanje i prethodno zagrijte roštilj na 400°F ili srednje jaku temperaturu.

Prerežite limun na pola i polovicu ostavite sa strane. Narežite preostalu polovicu ovog limuna i preostale limune na kriške debljine ¼ inča. (Trebali biste imati oko 12 do 16 kriški limuna.) U manju zdjelu iscijedite 1 žlicu soka iz rezervisanih polovica limuna.

Dodajte ulje u zdjelu zajedno s limunovim sokom i dobro promiješajte. Stavite obje strane ribe u mješavinu ulja i ravnomjerno pospite paprom i soli.

Kriške limuna pažljivo stavite na rešetku (ili grill tavu), složite 3 do 4 ploške zajedno u riblji file, pa ponovite s preostalim ploškama. Filete ribe stavite izravno na kriške limuna i pecite na roštilju sa zatvorenim poklopcem. (Ako pečete na ploči štednjaka, pokrijte velikim poklopcem za lonac ili aluminijskom folijom.) Okrenite ribu na pola vremena pečenja samo ako su fileti deblji od pola inča. Kad se laganim pritiskom vilicom počne razdvajati na listiće, kuhan je.

Hranjivost (na 100 g): 147 kalorija 5 g masti 1 g ugljikohidrata 22 g bjelančevina 917 mg natrija

Tjedan navečer Frying Riblja večera

Vrijeme pripreme: 10 minuta

Vrijeme za kuhanje: 10 minuta

Porcija: 4

Razina težine: prosječna

Sadržaj:

- neljepljivi sprej za kuhanje
- 2 žlice ekstra djevičanskog maslinovog ulja
- 1 žlica balzamičnog octa
- 4 (4 unce) ribljih fileta (debljine ½ inča)
- 2½ šalice zelenog graha
- 1 pinta cherry rajčica ili rajčica grožđa

upute:

Zagrijte pećnicu na 400°F. Dva velika lima za pečenje s rubovima premažite neljepljivim sprejom za kuhanje. U maloj posudi pomiješajte ulje i ocat. Ostavite ga sa strane. Na svaki pleh staviti po dva komada ribe.

Pomiješajte grah i rajčice u velikoj zdjeli. Ulijte ulje i ocat i lagano promiješajte da se prekrije. Na lim za pečenje izlijte polovicu mješavine mahuna, a drugu polovicu preko ribe. Okrenite ribu i utrljajte je u mješavinu ulja za premaz. Povrće ravnomjerno rasporedite po limovima za pečenje kako bi vrući zrak mogao kružiti oko njega.

Kuhajte dok riba ne postane neprozirna. Kuhano je kada se lagano probodom vilicom počne lomiti na komade.

Hranjivost (na 100 g):193 kalorije 8 g masti 3 g ugljikohidrata 23 g proteina 811 mg natrija

Hrskavi riblji štapići od palente

Vrijeme pripreme: 10 minuta

Vrijeme za kuhanje: 15 minuta

Porcija: 4

Razina težine: teško

Sadržaj:

- 2 velika jaja, lagano tučena
- 1 žlica 2% mlijeka
- Fileti ribe s kožom od 1 funte, narezani na 20 (1 inča širokih) traka
- ½ šalice žutog kukuruznog brašna
- ½ šalice panko krušnih mrvica od cjelovitog zrna pšenice
- ¼ žličice dimljene paprike
- ¼ žličice košer ili morske soli
- ¼ žličice svježe mljevenog crnog papra
- neljepljivi sprej za kuhanje

upute:

Stavite veliki lim za pečenje s obrubom u pećnicu. Zagrijte pećnicu na 400°F s posudom unutra. U velikoj zdjeli pomiješajte jaja i mlijeko. Vilicom dodajte kriške ribe u smjesu jaja i lagano promiješajte da se prekriju.

Stavite kukuruzno brašno, krušne mrvice, dimljenu papriku, sol i papar u plastičnu vrećicu četvrt veličine s patentnim zatvaračem.

Vilicom ili hvataljkama premjestite ribu u vrećicu i pustite da sav višak tekućine od jaja kapne u zdjelu prije prebacivanja. Čvrsto zatvorite i lagano protresite kako biste potpuno prekrili svaki riblji štapić.

Pomoću rukavica za pečenje pažljivo izvadite vrući lim za pečenje iz pećnice i poprskajte ga neljepljivim sprejom za kuhanje. Pomoću vilice ili hvataljke izvadite riblje štapiće iz vrećice i stavite ih na vrući lim za pečenje s razmakom između njih kako bi vrući zrak cirkulirao i postao hrskav. Pecite 5 do 8 minuta, dok se riba lagano ne ljušti pritiskom vilicom i poslužite.

Hranjivost (na 100 g): 256 kalorija 6 g masti 2 g ugljikohidrata 29 g proteina 667 mg natrija

Pan-losos večera

Vrijeme pripreme: 15 minuta
Vrijeme za kuhanje: 15 minuta
Porcija: 4
Razina težine: prosječna

Sadržaj:

- 1 žlica ekstra djevičanskog maslinovog ulja
- 2 režnja mljevenog češnjaka
- 1 žličica dimljene paprike
- 1 litra grožđa ili cherry rajčice, narezane na četvrtine
- 1 (12 unci) staklenka pečene paprike
- 1 žlica vode
- ¼ žličice svježe mljevenog crnog papra
- ¼ žličice košer ili morske soli
- 1 funta fileta lososa, oguljenog, izrezanog na 8 dijelova
- 1 žlica svježe iscijeđenog soka od limuna (od ½ srednjeg limuna)

upute:

Na srednjoj vatri zagrijte ulje u tavi. Umiješajte češnjak i dimljenu papriku te kuhajte 1 minutu uz često miješanje. Dodajte rajčicu, pečenu papriku, vodu, crni papar i sol te promiješajte. Postavite vatru na srednje jaku, pustite da zakipi i kuhajte 3 minute te pasirajte rajčice do kraja vremena kuhanja.

Stavite losos u tavu i pokapajte ga malo umaka. Poklopite i kuhajte 10 do 12 minuta (145°F pomoću termometra za meso) i odmah će se početi ljuštiti.

Maknite tavu s vatre i poškropite ribu sokom od limuna. Promiješajte umak, a zatim narežite losos na komade. Servis.

Hranjivost (na 100 g): 289 kalorija 13 g masti 2 g ugljikohidrata 31 g proteina 581 mg natrija

Toskanski burgeri od tune i tikvica

Vrijeme pripreme: 10 minuta
Vrijeme za kuhanje: 30 minuta
Porcija: 4
Razina težine: prosječna

Sadržaj:

- 3 kriške kruha za sendvič od integralnog brašna, prepečenog
- 2 (5 unce) konzerve tune s maslinovim uljem
- 1 šalica naribane tikvice
- 1 veće jaje, lagano tučeno
- ¼ šalice nasjeckane crvene paprike
- 1 žlica osušene majčine dušice
- 1 žličica limunove korice
- ¼ žličice svježe mljevenog crnog papra
- ¼ žličice košer ili morske soli
- 1 žlica ekstra djevičanskog maslinovog ulja
- Zelena salata za posluživanje ili 4 kruha od cjelovitog zrna pšenice (po želji)

upute:

Izmrvite tost u krušne mrvice prstima (ili nožem da ga narežete na kockice od ¼ inča) dok ne dobijete 1 šalicu mrvica. Ulijte mrvice u veliku zdjelu. Dodajte tunu, tikvice, jaja, papriku, majčinu dušicu, koricu limuna, crni papar i sol. Dobro izmiješajte vilicom. Podijelite smjesu u četiri (veličine ½ šalice) pljeskavice. Stavite na tanjur i pritisnite svaku pljeskavicu na oko ¾ inča debljine.

U tavi popržite ulje na srednje jakoj vatri. U vruće ulje dodajte mesne okruglice, pa smanjite vatru na srednju. Kuhajte ćufte 5 minuta, preokrenite lopaticom i pecite još 5 minuta. Uživajte takvo kakvo jeste ili poslužite uz zelenu salatu ili peciva od cjelovitog zrna pšenice.

Hranjivost (na 100 g): 191 kalorija 10 g masti 2 g ugljikohidrata 15 g proteina 661 mg natrija

Zdjela od sicilijanskog kupusa i tune

Vrijeme pripreme: 15 minuta

Vrijeme za kuhanje: 15 minuta

Porcije: 6

Razina težine: prosječna

Sadržaj:

- 1 funta kupusa
- 3 žlice ekstra djevičanskog maslinovog ulja
- 1 šalica nasjeckanog luka
- 3 češnja češnjaka, mljevena
- 1 (2,25 unce) limenka narezanih maslina, ocijeđenih
- ¼ šalice kapara
- ¼ žličice paprike
- 2 žličice šećera
- 2 (6 unci) konzerve tune s maslinovim uljem
- 1 (15 unci) limenka cannellini graha
- ¼ žličice mljevenog crnog papra
- ¼ žličice košer ili morske soli

upute:

Kuhajte u loncu do tri četvrtine punom vode. Kupus promiješajte i kuhajte 2 minute. Kupus ocijedite cjedilom i stavite sa strane.

Vratite prazan lonac na štednjak na srednju vatru i dodajte ulje. Dodajte luk i kuhajte 4 minute uz stalno miješanje. Dodajte češnjak i kuhajte 1 minutu. Stavite masline, kapare i mljevenu crvenu papriku i kuhajte 1 minutu. Na kraju dodajte djelomično kuhani kupus i šećer, miješajte dok se kupus potpuno ne prekrije uljem. Poklopite lonac i kuhajte 8 minuta.

Maknite kupus sa štednjaka, dodajte tunu, mahune, crni papar i sol te poslužite.

Hranjivost (na 100 g): 265 kalorija 12 g masti 7 g ugljikohidrata 16 g proteina 715 mg natrija

Mediteranski gulaš od bakalara

Vrijeme pripreme: 10 minuta
Vrijeme za kuhanje: 20 minuta
Porcije: 6
Razina težine: prosječna

Sadržaj:

- 2 žlice ekstra djevičanskog maslinovog ulja
- 2 šalice nasjeckanog luka
- 2 češnja češnjaka, mljevena
- ¾ žličice dimljene paprike
- 1 (14,5 unci) rajčice narezane na kockice, neocijeđene
- 1 (12 unci) staklenka pečene paprike
- 1 šalica narezanih maslina, zelenih ili crnih
- 1/3 čaše suhog crnog vina
- ¼ žličice svježe mljevenog crnog papra
- ¼ žličice košer ili morske soli
- 1½ funte fileta bakalara, izrezanog na komade od 1 inča
- 3 šalice narezanih gljiva

upute:

Zakuhajte ulje u loncu. Umiješajte luk i kuhajte ga 4 minute uz povremeno miješanje. Umiješajte češnjak i dimljenu papriku te kuhajte 1 minutu uz često miješanje.

Pomiješajte rajčice sa sokom, pečenu papriku, masline, vino, papar i sol i stavite na srednje jaku vatru. Pustite da prokuha. Dodajte bakalar i gljive te smanjite vatru na srednju.

Kuhajte oko 10 minuta uz povremeno miješanje dok se bakalar dobro ne skuha i lako se raspada te poslužite.

Hranjivost (na 100 g): 220 kalorija 8 g masti 3 g ugljikohidrata 28 g proteina 583 mg natrija

Dagnje kuhane na pari u umaku od bijelog vina

Vrijeme pripreme: 5 minuta
Vrijeme za kuhanje: 10 minuta
Porcija: 4
Razina težine: teško

Sadržaj:

- 2 kg malih dagnji
- 1 žlica ekstra djevičanskog maslinovog ulja
- 1 šalica tanko narezanog crvenog luka
- 3 češnja češnjaka narezana na ploške
- 1 čaša suhog bijelog vina
- 2 (¼ inča debljine) kriške limuna
- ¼ žličice svježe mljevenog crnog papra
- ¼ žličice košer ili morske soli
- Kriške svježeg limuna za posluživanje (po želji)

upute:

Prelijte dagnje hladnom vodom u velikom cjedilu u sudoperu (ali nemojte dopustiti da dagnje odstoje u vodi). Sve školjke moraju biti čvrsto zatvorene; Odbacite sve ljuske koje su malo otvorene ili napukle. Ostavite dagnje u cjedilu dok ne budu spremne za upotrebu.

Zagrijte ulje u širokoj tavi. Umiješajte luk i kuhajte ga 4 minute uz povremeno miješanje. Dodajte češnjak i kuhajte 1 minutu uz stalno miješanje. Dodajte vino, kriške limuna, papar i sol te pustite da prokuha. Kuhajte 2 minute.

Dodajte dagnje i zatvorite poklopac. Dagnje kuhajte dok ne otvore školjke. Lagano protresite posudu dva ili tri puta tijekom kuhanja.

Sve školjke sada bi trebale biti potpuno otvorene. Pomoću šupljikave žlice izbacite sve dagnje koje su još zatvorene. Otvorene dagnje stavite u plitku zdjelu za posluživanje i prelijte ih sokom. Po želji poslužite s dodatnim kriškama svježeg limuna.

Hranjivost (na 100 g): 222 kalorije 7 g masti 1 g ugljikohidrata 18 g bjelančevina 708 mg natrija

Škampi s narančom i češnjakom

Vrijeme pripreme: 20 minuta
Vrijeme za kuhanje: 10 minuta
Porcije: 6
Razina težine: teško

Sadržaj:

- 1 velika naranča
- 3 žlice ekstra djevičanskog maslinovog ulja, podijeljene
- 1 žlica nasjeckanog svježeg ružmarina
- 1 žlica nasjeckanog svježeg timijana
- 3 režnja češnjaka, mljevena (oko 1½ žličice)
- ¼ žličice svježe mljevenog crnog papra
- ¼ žličice košer ili morske soli
- 1½ funte svježih sirovih škampi, bez ljuski i repova

upute:

Naribajte cijelu naranču pomoću ribeža za citruse. Narančinu koricu i 2 žlice ulja pomiješajte s ružmarinom, majčinom dušicom, češnjakom, paprom i soli. Promiješajte škampe, zatvorite vrećicu i nježno masirajte škampe dok se svi sastojci ne sjedine i dok škampi ne budu potpuno obloženi začinima. Ostavite ga sa strane.

Zagrijte roštilj, grill tavu ili veliku tavu na srednje jakoj vatri. Premažite ili promiješajte preostalu 1 žlicu ulja. Dodajte polovicu škampi i kuhajte 4 do 6 minuta ili dok škampi ne postanu ružičasti i bijeli, okrećući ih napola ako ih pečete ili miješajući svake minute u tavi. Prebacite škampe u veliku zdjelu za posluživanje. Ponovite i stavite ih u zdjelu.

Dok se škampi kuhaju, ogulite naranču i narežite meso na komade veličine zalogaja. Prebacite u zdjelu za posluživanje i prelijte kuhanim škampima. Poslužite odmah ili ohladite i poslužite hladno.

Hranjivost (na 100 g): 190 kalorija 8 g masti 1 g ugljikohidrata 24 g bjelančevina 647 mg natrija

Pečeni škampi-njoki zapečeni

Vrijeme pripreme: 10 minuta
Vrijeme za kuhanje: 20 minuta
Porcija: 4
Razina težine: prosječna

Sadržaj:

- 1 šalica nasjeckanih svježih rajčica
- 2 žlice ekstra djevičanskog maslinovog ulja
- 2 češnja češnjaka, mljevena
- ½ žličice svježe mljevenog crnog papra
- ¼ žličice mljevene crvene paprike
- 1 (12 unci) staklenka pečene paprike
- 1 funta svježih sirovih škampa, uklonjenih ljuski i repova
- 1 funta smrznutih njoka (neotopljenih)
- ½ šalice feta sira narezanog na kockice
- 1/3 šalice svježeg natrganog lišća bosiljka

upute:

Zagrijte pećnicu na 425°F. U posudi za pečenje pomiješajte rajčice, ulje, češnjak, crni papar i mljevenu crvenu papriku. Pecite u pećnici 10 minuta.

Umiješajte pečenu papriku i škampe. Pržite još 10 minuta dok škampi ne postanu ružičasto-bijeli.

Dok se škampi kuhaju, na štednjaku skuhajte njoke prema uputama na pakiranju. Ocijedite u cjedilu i držite na toplom. Izvadite hranu iz pećnice. Umiješajte kuhane njoke, fetu i bosiljak te poslužite.

Hranjivost (na 100 g): 277 kalorija 7 g masti 1 g ugljikohidrata 20 g bjelančevina 711 mg natrija

Začinjena Puttanesca od kozica

Vrijeme pripreme: 5 minuta
Vrijeme za kuhanje: 15 minuta
Porcija: 4
Razina težine: prosječna

Sadržaj:

- 2 žlice ekstra djevičanskog maslinovog ulja
- 3 fileta inćuna, ocijeđena i nasjeckana
- 3 češnja češnjaka, mljevena
- ½ žličice mljevene crvene paprike
- 1 (14,5 unci) limenka rajčice narezane na kockice s niskim sadržajem natrija ili bez dodane soli, neocijeđene
- 1 (2,25 unce) limenka crnih maslina
- 2 žlice kapara
- 1 žlica nasjeckanog svježeg timijana
- 1 funta svježih sirovih škampa, uklonjenih ljuski i repova

upute:

Na srednjoj vatri zakuhajte ulje. Umiješajte inćune, češnjak i mljevenu crvenu papriku. Kuhajte 3 minute uz često miješanje i drvenom kuhačom gnječite inćune dok se ne otope.

Pomiješajte rajčice sa sokovima, maslinama, kaparima i majčinom dušicom. Pojačajte vatru na srednje jaku i pustite da zavrije.

Kad umak malo zakuha, umiješajte škampe. Odaberite srednju temperaturu i kuhajte škampe dok ne postanu ružičasto-bijeli te poslužite.

Hranjivost (na 100 g): 214 kalorija 10 g masti 2 g ugljikohidrata 26 g proteina 591 mg natrija

Talijanski sendviči s tunom

Vrijeme pripreme: 10 minuta
Vrijeme za kuhanje: 0 minuta
Porcija: 4
Razina težine: lako

Sadržaj:

- 3 žlice svježe iscijeđenog soka od limuna
- 2 žlice ekstra djevičanskog maslinovog ulja
- 1 režanj češnjaka, samljeven
- ½ žličice svježe mljevenog crnog papra
- 2 (5 unci) konzerve tune, ocijeđene
- 1 (2,25 unce) konzerva narezanih maslina
- ½ šalice nasjeckanog svježeg komorača, uključujući lišće
- 8 kriški hrskavog kruha od cjelovitog zrna

upute:

Pomiješajte limunov sok, ulje, češnjak i papar. Dodajte tunu, masline i komorač. Tunjevinu vilicom narežite na komade i promiješajte da se svi sastojci sjedine.

Salatu od tune ravnomjerno podijelite na 4 kriške kruha. Na svaku stavite preostale kriške kruha. Pustite sendviče da odstoje barem 5 minuta kako bi se ukusni nadjev mogao upiti u kruh prije posluživanja.

Hranjivost (na 100 g): 347 kalorija 17 g masti 5 g ugljikohidrata 25 g bjelančevina 447 mg natrija

Oblozi od salate od kopra i lososa

Vrijeme pripreme: 10 minuta

Vrijeme za kuhanje: 10 minuta

Porcije: 6

Razina težine: lako

Sadržaj:

- 1 funta fileta lososa, kuhanog i narezanog na kockice
- ½ šalice nasjeckane mrkve
- ½ šalice nasjeckanog celera
- 3 žlice nasjeckanog svježeg kopra
- 3 žlice nasjeckanog crvenog luka
- 2 žlice kapara
- 1½ žlice ekstra djevičanskog maslinovog ulja
- 1 žlica odležanog balzamičnog octa
- ½ žličice svježe mljevenog crnog papra
- ¼ žličice košer ili morske soli
- 4 omota palačinke od cjelovitog zrna pšenice ili mekani kruh od cjelovitog zrna pšenice

upute:

Pomiješajte losos, mrkvu, celer, kopar, crveni luk, kapare, ulje, ocat, papar i sol. Salatu od lososa rasporedite po palačinkama. Preklopite dno somuna, zatim zamotajte i poslužite.

Hranjivost (na 100 g): 336 kalorija 16 g masti 5 g ugljikohidrata 32 g proteina 884 mg natrija

Pizza pita od bijelih kamenica

Vrijeme pripreme: 10 minuta
Vrijeme za kuhanje: 20 minuta
Porcija: 4
Razina težine: teško

Sadržaj:

- 1 funta ohlađenog svježeg tijesta za pizzu
- neljepljivi sprej za kuhanje
- 2 žlice ekstra djevičanskog maslinovog ulja, podijeljene
- 2 češnja češnjaka, mljevena (oko 1 žličica)
- ½ žličice mljevene crvene paprike
- 1 (10 unci) limenka cijele mlade kamenice, ocijeđene
- ¼ šalice suhog bijelog vina
- Univerzalno brašno za posipanje
- 1 šalica nasjeckanog mozzarella sira
- 1 žlica ribanog pecorino romano ili parmezana
- 1 žlica nasjeckanog svježeg plosnatog (talijanskog) peršina

upute:

Zagrijte pećnicu na 500°F. Premažite veliki lim za pečenje s rubovima neljepljivim sprejom za kuhanje.

Zagrijte 1½ žlice ulja u velikoj tavi. Dodajte češnjak i mljevenu crvenu papriku te kuhajte 1 minutu, često miješajući da češnjak ne zagori. Dodajte ostavljeni sok od kamenica i vino. Zakuhajte na jakoj vatri. Smanjite vatru na srednju temperaturu da umak samo prokuha i kuhajte 10 minuta uz povremeno miješanje. Umak će se skuhati i zgusnuti.

Stavite kamenice i kuhajte 3 minute uz povremeno miješanje. Dok se umak kuha, na lagano pobrašnjenoj površini razvaljajte tijesto za pizzu u krug od 12 inča ili pravokutnik 10 sa 12 inča s valjkom za tijesto ili razvucite rukom. Stavite tijesto na pripremljeni lim za pečenje. Tijesto premažite s preostalih pola žlice ulja. Ostavite sa strane dok umak od kamenica ne bude spreman.

Rasporedite umak od dagnji preko pripremljenog tijesta unutar ½ inča od ruba. Pospite mozzarellom, a zatim Pecorinom Romanom.

Kuhajte 10 minuta. Izvadite pizzu iz pećnice i stavite je na drvenu dasku za rezanje. Pospite peršinom, rezačem za pizzu ili oštrim nožem izrežite na osam dijelova i poslužite.

Hranjivost (na 100 g): 541 kalorija 21 g masti 1 g ugljikohidrata 32 g proteina 688 mg natrija

Riblje jelo od pečenog graha

Vrijeme pripreme: 10 minuta
Vrijeme za kuhanje: 10 minuta
Porcija: 4
Razina težine: lako

Sadržaj:

- 1 žlica balzamičnog octa
- 2 ½ šalice zelenog graha
- 1 pinta cherry rajčica ili rajčica grožđa
- 4 (4 unce svaki) riblja fileta, poput bakalara ili tilapije
- 2 žlice maslinovog ulja

upute:

Zagrijte pećnicu na 400 stupnjeva. Dva pleha namazati s malo maslinovog ulja ili maslinovog ulja u spreju. Na svaki list stavite 2 fileta ribe. U zdjelu za miješanje ulijte maslinovo ulje i ocat. Sjediniti da se dobro izmešaju.

Umiješajte mahune i rajčice. Sjediniti da se dobro izmešaju. Obje smjese lijepo sjediniti jednu s drugom. Smjesu ravnomjerno prelijte preko ribljih fileta. Kuhajte 6 do 8 minuta dok riba ne postane neprozirna i dok se lako ne ljušti. Poslužite vruće.

Hranjivost (na 100 g): 229 kalorija 13 g masti 8 g ugljikohidrata 2,5 g proteina 559 mg natrija

Tepsija od bakalara od gljiva

Vrijeme pripreme: 10 minuta
Vrijeme za kuhanje: 20 minuta
Porcije: 6
Razina težine: lako

Sadržaj:

- 2 žlice ekstra djevičanskog maslinovog ulja
- 2 češnja češnjaka, mljevena
- 1 kutija rajčice
- 2 šalice nasjeckanog luka
- ¾ žličice dimljene paprike
- (12 unci) staklenke pečene paprike
- 1/3 čaše suhog crnog vina
- ¼ žličice košer ili morske soli
- ¼ žličice crnog papra
- 1 šalica crnih maslina
- 1 ½ funte fileta bakalara, izrezanog na komade od 1 inča
- 3 šalice narezanih gljiva

upute:

Uzmite srednju tavu, zagrijte ulje na srednjoj vatri. Dodajte luk i kuhajte, miješajući, 4 minute. Dodajte češnjak i dimljenu papriku; Kuhajte 1 minutu uz često miješanje. Dodajte rajčicu sa sokom, pečenu papriku, masline, vino, papar i sol; lagano promiješajte. Prokuhajte smjesu. Dodajte bakalar i gljive; smanjite vatru na srednju. Poklopite i povremeno miješajući kuhajte dok se bakalar ne ljušti. Poslužite vruće.

Hranjivost (na 100 g): 238 kalorija 7 g masti 15 g ugljikohidrata 3,5 g proteina 772 mg natrija

ljuta sabljarka

Vrijeme pripreme: 10 minuta
Vrijeme za kuhanje: 15 minuta
Porcija: 4
Razina težine: prosječna

Sadržaj:

- 4 (7 unci svaki) odreska sabljarke
- 1/2 žličice mljevenog crnog papra
- 12 češnja češnjaka oguljenih
- 3/4 žličice soli
- 1 1/2 žličice mljevenog kima
- 1 žličica crvene paprike
- 1 žličica korijandera
- 3 žlice soka od limuna
- 1/3 šalice maslinovog ulja

upute:

Uzmite blender ili multipraktik, otvorite poklopac i dodajte sve sastojke osim sabljarke. Zatvorite poklopac i miješajte da dobijete glatku smjesu. Suhi riblji odrezak; Ravnomjerno premazati pripremljenom mješavinom začina.

Stavite na aluminijsku foliju, pokrijte i ostavite u hladnjaku 1 sat. Zagrijte grill tavu na jakoj vatri, ulijte ulje i zagrijte. dodati riblji odrezak; Kuhajte uz miješanje 5-6 minuta dok ne porumeni sa svih strana i ravnomjerno porumeni. Poslužite vruće.

Hranjivost (na 100 g): 255 kalorija 12 g masti 4 g ugljikohidrata 0,5 g proteina 990 mg natrija

ludost za tjesteninom od inćuna

Vrijeme pripreme: 10 minuta
Vrijeme za kuhanje: 20 minuta
Porcija: 4
Razina težine: lako

Sadržaj:

- 4 fileta inćuna pakirana u maslinovom ulju
- ½ funte brokule, izrezane na cvjetiće od 1 inča
- 2 češnja češnjaka narezana na ploške
- 1 funta cjelovitih pennea
- 2 žlice maslinovog ulja
- ¼ šalice parmezana, naribanog
- Sol i papar, po ukusu
- Crvena paprika u listićima po ukusu

upute:

Skuhajte tjesteninu prema uputama na pakiranju; ispraznite ga i stavite sa strane. Uzmite srednju tavu ili tavu, dodajte ulje. Zagrijati na srednjoj vatri. Dodajte inćune, brokulu i češnjak i kuhajte 4-5 minuta dok povrće ne omekša. Uklonite toplinu; umiješati u tjesteninu. Poslužite vruće, posuto parmezanom, listićima crvene paprike, solju i paprom.

Hranjivost (na 100 g): 328 kalorija 8 g masti 35 g ugljikohidrata 7 g proteina 834 mg natrija

Tjestenina s škampima i češnjakom

Vrijeme pripreme: 10 minuta
Vrijeme za kuhanje: 15 minuta
Porcija: 4
Razina težine: lako

Sadržaj:

- 1 funta škampa, oguljenih i očišćenih
- 3 češnja češnjaka, mljevena
- 1 glavica luka sitno nasjeckana
- 1 paket integralne tjestenine ili sušenog graha po izboru
- 4 žlice maslinovog ulja
- Sol i papar, po ukusu
- ¼ šalice bosiljka, narezanog na trakice
- ¾ šalice pilećeg temeljca s malo natrija

upute:

Skuhajte tjesteninu prema uputama na pakiranju; isperite i ostavite sa strane. Uzmite srednju tavu, dodajte ulje i zagrijte ga na srednjoj vatri. Dodajte luk, češnjak i miješajte 3 minute dok ne postane prozirno i mirisno.

Dodajte škampi, crni papar (mljeveni) i sol; Kuhajte uz miješanje 3 minute dok škampi ne postanu neprozirni. Dodajte juhu i kuhajte još 2-3 minute. Dodajte tjesteninu na tanjure za posluživanje; dodajte mu mješavinu škampa; Poslužite vruće s bosiljkom na vrhu.

Hranjivost (na 100 g): 605 kalorija 17 g masti 53 g ugljikohidrata 19 g proteina 723 mg natrija

Losos s octom i medom

Vrijeme pripreme: 10 minuta
Vrijeme za kuhanje: 5 minuta
Porcija: 4
Razina težine: lako

Sadržaj:

- 4 (8 unci) fileta lososa
- 1/2 šalice balzamičnog octa
- 1 žlica meda
- Crni papar i sol, po ukusu
- 1 žlica maslinovog ulja

upute:

Pomiješajte med i ocat. Sjediniti da se dobro izmešaju.

Riblje filete začinite crnim paprom (mljevenim) i morskom soli; Premažite glazurom od meda. Uzmite srednju tavu ili tavu, dodajte ulje. Zagrijati na srednjoj vatri. Dodajte filete lososa i kuhajte, miješajući, dok sredina ne bude srednje pečena i lagano porumeni, 3 do 4 minute sa svake strane. Poslužite vruće.

Hranjivost (na 100 g): 481 kalorija 16 g masti 24 g ugljikohidrata 1,5 g proteina 673 mg natrija

Narančasti riblji obrok

Vrijeme pripreme: 10 minuta
Vrijeme za kuhanje: 5 minuta
Porcija: 4
Razina težine: lako

Sadržaj:

- ¼ žličice košer ili morske soli
- 1 žlica ekstra djevičanskog maslinovog ulja
- 1 žlica soka od naranče
- 4 (4 unce) fileta tilapije, s kožom ili bez kože
- ¼ šalice nasjeckanog crvenog luka
- 1 avokado, očišćen od koštice, oguljen i narezan na ploške

upute:

Uzmite posudu za pečenje od 9 inča; Dodajte maslinovo ulje, sok od naranče i sol. Dobro sjediniti. Dodajte riblje filete i dobro premažite. Ribljim fileima dodajte luk. Pokrijte plastičnom folijom. Stavite u mikrovalnu pećnicu 3 minute dok se riba u potpunosti ne skuha i dok se lako ne oljušti. Poslužite vruće s narezanim avokadom na vrhu.

Hranjivost (na 100 g): 231 kalorija 9g masti 8g ugljikohidrata 2,5g proteina 536mg proteina

Škamp

Vrijeme pripreme: 10 minuta
Vrijeme za kuhanje: 5 minuta
Porcija: 2
Razina težine: lako

Sadržaj:

- 2 žlice nasjeckanog peršina
- 2 žličice mljevenog češnjaka
- 1 žličica soli
- ½ žličice crnog papra
- 2 srednje spiralizirane tikvice
- 3/4 funte srednjih škampa, oguljenih i očišćenih
- 1 žlica maslinovog ulja
- 1 limun, iscijeđen i nariban

upute:

Uzmite srednju tavu ili tavu, dodajte ulje, limunov sok, limunovu koricu. Zagrijati na srednjoj vatri. Dodajte škampe i kuhajte, miješajući, 1 minutu sa svake strane. Pirjajte češnjak i ljuskice crvene paprike još 1 minutu. Dodajte zoodles i lagano promiješajte; Kuhajte 3 minute dok ne budete zadovoljni. Dobro začinite, pospite peršinom i poslužite vruće.

Hranjivost (na 100 g): 329 kalorija 12 g masti 11 g ugljikohidrata 3 g proteina 734 mg natrija

Šparoge od pastrve

Vrijeme pripreme: 10 minuta
Vrijeme za kuhanje: 20 minuta
Porcija: 4
Razina težine: lako

Sadržaj:

- 2 kg fileta pastrve
- 1 funta šparoga
- Sol i bijeli mljeveni papar, po ukusu
- 1 žlica maslinovog ulja
- 1 režanj češnjaka, sitno nasjeckan
- 1 mladi luk, sitno narezan (zeleni i bijeli dio)
- 4 srednje zlatna krumpira, tanko narezana
- 2 romske rajčice, nasjeckane
- 8 kalamata maslina bez koštica, nasjeckanih
- 1 velika mrkva, tanko narezana
- 2 žlice suhog peršina
- ¼ šalice mljevenog kumina
- 2 žlice crvene paprike
- 1 žlica začina za bujon od povrća
- ½ šalice suhog bijelog vina

upute:

U zdjelu za miješanje dodajte riblje filete, bijeli papar i sol. Sjediniti da se dobro izmešaju. Uzmite srednju tavu ili tavu, dodajte ulje.

Zagrijati na srednjoj vatri. Dodajte šparoge, krumpir, češnjak, bijeli dio mladog luka i kuhajte 4-5 minuta dok ne omekša. Dodajte rajčice, mrkvu i masline; Promiješajte i kuhajte 6-7 minuta dok ne omekša. Dodajte kumin, papriku, peršin, začin za bujon i sol. Smjesu dobro izmiješajte.

Umiješajte bijelo vino i riblje filete. Na laganoj vatri, poklopite i kuhajte dok se riba lako ne ljušti, oko 6 minuta, povremeno miješajući. Poslužite vruće, posuto zelenim lukom.

Hranjivost (na 100 g): 303 kalorije 17 g masti 37 g ugljikohidrata 6 g bjelančevina 722 mg natrija

Kelj Maslina Tunjevina

Vrijeme pripreme: 10 minuta
Vrijeme za kuhanje: 15 minuta
Porcije: 6
Razina težine: prosječna

Sadržaj:

- 1 šalica nasjeckanog luka
- 3 češnja češnjaka, mljevena
- 1 (2,25 unce) limenka narezanih maslina, ocijeđenih
- 1 kg kupusa nasjeckanog
- 3 žlice ekstra djevičanskog maslinovog ulja
- ¼ šalice kapara
- ¼ žličice mljevene crvene paprike
- 2 žličice šećera
- 1 (15 unci) limenka cannellini graha
- 2 (6 unci) konzerve tunjevine u maslinovom ulju, neocijeđene
- ¼ žličice crnog papra
- ¼ žličice košer ili morske soli

upute:

Namočite kupus u kipućoj vodi 2 minute; ispraznite ga i stavite sa strane. Uzmite srednju tavu ili kotao, zagrijte ulje na srednjoj vatri. Dodajte luk i kuhajte, miješajući, dok ne postane proziran i mekan. Dodajte češnjak i miješajte dok ne zamiriše, 1 minutu.

Dodajte masline, kapare i crvenu papriku i kuhajte uz miješanje 1 minutu. Kuhani kupus i šećer pomiješati. Na laganoj vatri poklopite smjesu i kuhajte oko 8-10 minuta uz povremeno miješanje. Dodajte tunu, grah, papar i sol. Dobro izmiješajte i poslužite vruće.

Hranjivost (na 100 g): 242 kalorije 11 g masti 24 g ugljikohidrata 7 g proteina 682 mg natrija

Oštre kozice s ružmarinom

Vrijeme pripreme: 10 minuta

Vrijeme za kuhanje: 10 minuta

Porcije: 6

Razina težine: lako

Sadržaj:

- 1 velika naranča, naribana i oguljena
- 3 češnja češnjaka, mljevena
- 1 ½ funte sirovih škampi, bez ljuski i repova
- 3 žlice maslinovog ulja
- 1 žlica nasjeckanog timijana
- 1 žlica nasjeckanog ružmarina
- ¼ žličice crnog papra
- ¼ žličice košer ili morske soli

upute:

Uzmite plastičnu vrećicu s patentnim zatvaračem, dodajte narančinu koricu, škampe, 2 žlice maslinova ulja, češnjak, majčinu dušicu, ružmarin, sol i papar. Dobro protresite i ostavite sa strane da se marinira 5 minuta.

Dodajte 1 žlicu maslinovog ulja u srednju tavu ili tavu. Zagrijati na srednjoj vatri. Dodajte škampe i kuhajte, miješajući, 2-3 minute sa svake strane, dok potpuno ne porumene i postanu neprozirni. Naranču narežite na komadiće veličine zalogaja i stavite na tanjur za posluživanje. Dodajte škampe i dobro promiješajte. Poslužite svježe.

Hranjivost (na 100 g): 187 kalorija 7 g masti 6 g ugljikohidrata 0,5 g proteina 673 mg natrija

šparoge losos

Vrijeme pripreme: 10 minuta
Vrijeme za kuhanje: 15 minuta
Porcija: 2
Razina težine: lako

Sadržaj:

- 8,8 unci hrpe šparoga
- 2 mala fileta lososa
- 1 ½ čajna žličica soli
- 1 žličica crnog papra
- 1 žlica maslinovog ulja
- 1 šalica holandskog umaka, malo ugljikohidrata

upute:

Filete lososa dobro začinite. Uzmite srednju tavu ili tavu, dodajte ulje. Zagrijati na srednjoj vatri.

Dodajte filete lososa i kuhajte, miješajući, dok ravnomjerno ne porumene i ne budu potpuno pečeni, 4-5 minuta sa svake strane. Dodajte šparoge i kuhajte još 4-5 minuta uz miješanje. Poslužite vruće s holandskim umakom na vrhu.

Hranjivost (na 100 g): 565 kalorija 7 g masti 8 g ugljikohidrata 2,5 g proteina 559 mg natrija

Salata od tune i lješnjaka

Vrijeme pripreme: 10 minuta
Vrijeme za kuhanje: 0 minuta
Porcija: 4
Razina težine: lako

Sadržaj:

- 1 žlica nasjeckanog estragona
- 1 stabljika celera, obrezana i sitno nasjeckana
- 1 srednja ljutika, nasjeckana
- 3 žlice nasjeckanog vlasca
- 1 (5 unci) konzerva tune (premazane maslinovim uljem), ocijeđene i narezane na kockice
- 1 žličica Dijon senfa
- 2-3 žlice majoneze
- 1/4 žličice soli
- 1/8 žličice papra
- 1/4 šalice prženih pinjola

upute:

U veliku zdjelu za salatu dodajte tunu, ljutiku, vlasac, estragon i celer. Sjediniti da se dobro izmešaju. Dodajte majonezu, senf, sol i papar u zdjelu za miješanje. Sjediniti da se dobro izmešaju. Dodajte smjesu majoneze u zdjelu salate; Dobro promiješajte da se sjedini. Dodajte pinjole i ponovno promiješajte. Poslužite svježe.

Hranjivost (na 100 g): 236 kalorija 14 g masti 4 g ugljikohidrata 1 g proteina 593 mg natrija

Krem juha od kozica

Vrijeme pripreme: 10 minuta

Vrijeme za kuhanje: 35 minuta

Porcije: 6

Razina težine: prosječna

Sadržaj:

- 1 funta srednjih škampa, oguljenih i očišćenih
- 1 poriluk, bjelanjke i svijetlo zelene dijelove narezati
- 1 srednja lukovica komorača, nasjeckana
- 2 žlice maslinovog ulja
- 3 stabljike celera, nasjeckane
- 1 režanj češnjaka, samljeven
- Morska sol i mljeveni crni papar po ukusu
- 4 šalice povrtnog ili pilećeg temeljca
- 1 žlica sjemenki komorača
- 2 žlice svijetle kreme
- sok od 1 limuna

upute:

Uzmite srednju tavu ili pećnicu, zagrijte ulje na srednjoj vatri. Dodajte celer, poriluk i komorač i kuhajte, miješajući, dok povrće ne omekša i ne porumeni, oko 15 minuta. Dodajte češnjak; Začinite crnim paprom i morskom soli. Dodajte sjemenke komorača i promiješajte.

Ulijte juhu i prokuhajte. Smjesu kuhajte na laganoj vatri oko 20 minuta uz povremeno miješanje. Dodajte škampe i kuhajte 3 minute dok ne porumene. Pomiješajte vrhnje i sok od limuna; poslužite vruće.

Hranjivost (na 100 g): 174 kalorije 5 g masti 9,5 g ugljikohidrata 2 g proteina 539 mg natrija

Začinjeni losos s kvinojom i povrćem

Vrijeme pripreme: 30 minuta
Vrijeme za kuhanje: 10 minuta
Porcija: 4
Razina težine: teško

Sadržaj:

- 1 šalica nekuhane kvinoje
- 1 žličica soli, prepolovljena
- ¾ šalice krastavca, očišćenog od sjemenki, nasjeckanog
- 1 šalica cherry rajčica, prepolovljenih
- ¼ šalice crvenog luka, mljevenog
- 4 lista svježeg bosiljka narezati na tanke ploške
- koricu od limuna
- ¼ žličice crnog papra
- 1 žličica kumina
- ½ žličice paprike
- 4 (5 oz.) fileta lososa
- 8 kriški limuna
- ¼ šalice svježeg peršina, nasjeckanog

upute:

U lonac srednje veličine dodajte kvinoju, 2 šalice vode i ½ žličice soli. Zagrijte ih dok voda ne zakipi, pa smanjite temperaturu dok ne zavrije. Pokrijte posudu i ostavite da kuha 20 minuta ili vrijeme koje je naznačeno na pakiranju kvinoje. Ugasite plamenik ispod kvinoje i ostavite da odstoji poklopljeno još najmanje 5 minuta prije posluživanja.

Netom prije posluživanja u kvinoju dodajte luk, rajčicu, krastavac, listiće bosiljka i koricu limuna te sve lagano promiješajte žlicom. U međuvremenu (dok se kvinoja kuha) pripremite losos. Postavite roštilj pećnice na visoku razinu i provjerite postoji li polica na dnu pećnice. U manju zdjelu dodajte sljedeće sastojke: crni papar, ½ žličice soli, kumin i papriku. Pomiješajte ih zajedno.

Stavite foliju na stakleni ili aluminijski lim za pečenje i zatim poprskajte neljepljivim sprejom za kuhanje. Stavite filete lososa na foliju. Svaki file rasporedite mješavinom začina (oko ½ žličice mješavine začina po filetu). Dodajte kriške limuna na stijenke tave pored lososa.

Kuhajte losos ispod peke 8-10 minuta. Vaš cilj je da losos lako razlomite vilicom. Pospite losos peršinom, a zatim poslužite s kriškama limuna i zelenim peršinom. Uživati!

Hranjivost (na 100 g): 385 kalorija 12,5 g masti 32,5 g ugljikohidrata 35,5 g bjelančevina 679 mg natrija

Jabučna gorušica

Vrijeme pripreme: 15 minuta
Vrijeme za kuhanje: 55 minuta
Porcija: 2
Razina težine: teško

Sadržaj:

- 1 žlica maslinovog ulja
- 1 mala ljutika, nasjeckana
- 2 gđice jabuke, polovice
- 4 fileta pastrve, svaki od 3 unce
- 1 1/2 žlica krušnih mrvica, običnih i finih
- 1/2 žličice timijana, svježeg i nasjeckanog
- 1/2 žlice maslaca, otopljenog i neslanog
- 1/2 šalice jabučnog octa
- 1 žličica svijetlo smeđeg šećera
- 1/2 žlice Dijon senfa
- 1/2 žlice kapara, ispranih
- Morska sol i crni papar po ukusu

upute:

Pripremite pećnicu na 375 stupnjeva i zatim izvadite malu zdjelu. Pomiješajte krušne mrvice, ljutiku i majčinu dušicu prije nego što ih začinite solju i paprom.

Dodajte maslac i dobro promiješajte.

Jabuke stavite prerezanom stranom prema gore na lim za pečenje, pa ih pospite šećerom. Pospite krušnim mrvicama i oko jabuka prelijte polovicom soka od jabuke da prekrije tanjur. Kuhajte pola sata.

Otklopite i kuhajte još dvadesetak minuta. Jabuke bi trebale biti mekane, ali vaše mrvice trebale bi biti hrskave. Izvadite jabuke iz pećnice.

Otvorite brojler i zatim postavite rešetku četiri inča dalje. Zgnječite pastrve i pospite solju i paprom. Pleh premažite uljem i stavite pastrve kožom prema gore. Preostalo ulje utrljajte u kožu i pržite šest minuta. Ponovite za jabuke na rešetki odmah ispod pastrve. To sprječava da mrvice zagore i potrebno im je samo dvije minute da se zagriju.

Uklonite lonac i umiješajte ostatak jabukovače, kapare i senf. Dodajte još jabukovače ako je potrebno, razrijedite i kuhajte na srednje jakoj temperaturi pet minuta. Trebao bi biti konzistencije poput umaka. Ribu prelijte sokom i poslužite s jabukom na svakom tanjuru.

Hranjivost (na 100 g): 366 kalorija 13 g masti 10 g ugljikohidrata 31 g proteina 559 mg natrija

Njoki od kozica

Vrijeme pripreme: 5 minuta
Vrijeme za kuhanje: 15 minuta
Porcija: 4
Razina težine: teško

Sadržaj:

- 1/2 lb. Škampi, oguljeni i s venama
- 1/4 šalice luka, narezanog na kriške
- 1/2 žlice + 1 žličica maslinovog ulja
- Njoki od 8 unci na policama
- 1/2 vezice šparoga, narezane na četvrtine
- 3 žlice parmezana
- 1 žlica soka od limuna, svježeg
- 1/3 šalice pilećeg temeljca
- Morska sol i crni papar po ukusu

upute:

Zagrijte pola žlice ulja na srednjoj vatri i zatim dodajte njoke. Kuhajte, često miješajući, dok ne postane puna i zlatno smeđa. To će trajati sedam do deset minuta. Stavite ih u zdjelu.

Zagrijte preostalu žličicu ulja s ljutikom, kuhajte je dok ne poprimi smeđu boju. Obavezno promiješajte, ali to će trajati dvije minute. Promiješajte vodu prije dodavanja šparoga. Poklopite i kuhajte tri do četiri minute.

Dodajte škampe, začinite solju i paprom. Kuhajte dok ne porumene i ne budu kuhane, što će trajati otprilike četiri minute.

Njoke vratite u tavu s limunovim sokom i kuhajte još dvije minute. Nakon dobrog miješanja maknite sa štednjaka.

Pospite parmezanom i ostavite dvije minute. Vaš sir bi se trebao otopiti. Poslužite vruće.

Hranjivost (na 100 g): 342 kalorije 11 g masti 9 g ugljikohidrata 38 g proteina 711 mg natrija

Saganaki od škampa

Vrijeme pripreme: 15 minuta

Vrijeme za kuhanje: 30 minuta

Porcija: 2

Razina težine: prosječna

Sadržaj:

- 1/2 lb. Škampi u ljusci
- 1 mala glavica luka, nasjeckana
- 1/2 šalice bijelog vina
- 1 žlica svježeg i nasjeckanog peršina
- 8 unci rajčice, konzervirane i nasjeckane
- 3 žlice maslinovog ulja
- 4 unce feta sira
- Kocka soli
- Linija Crni papar
- 14 žličica češnjaka u prahu

upute:

Izvadite lonac i zatim ulijte oko dva inča vode i zakuhajte. Kuhajte pet minuta i zatim ocijedite, ali zadržite tekućinu. Ostavite škampe i tekućinu sa strane.

Zatim zagrijte dvije žlice ulja i kad se zagrije dodajte luk. Kuhajte dok luk ne postane proziran. Pomiješajte peršin, češnjak, vino, maslinovo ulje i rajčice. Kuhajte pola sata i miješajte dok se ne zgusne.

Uklonite noge škampa povlačenjem ljuske, glave i repa. Kad se zgusne, u umak dodajte škampe i juhu od škampa. Kuhajte pet minuta pa dodajte feta sir. Pustite da odstoji dok se sir ne rastopi, a zatim poslužite vruće.

Hranjivost (na 100 g): 329 kalorija 14 g masti 10 g ugljikohidrata 31 g proteina 449 mg natrija

Mediteranski losos

Vrijeme pripreme: 10 minuta
Vrijeme za kuhanje: 20 minuta
Porcija: 2
Razina težine: lako

Sadržaj:

- 2 fileta lososa, bez kože i 6 unci svaki
- 1 šalica cherry rajčica
- 1 žlica kapara
- 1/4 šalice tikvica, sitno nasjeckanih
- 1/8 žličice crnog papra
- 1/8 žličice sitne morske soli
- 1/2 žlice maslinovog ulja
- 1,25 unce zrelih maslina, narezanih

upute:

Nakon što ste pripremili pećnicu na 425 stupnjeva, pospite sol i papar s obje strane vaše ribe. Nakon što ste premazali posudu za pečenje sprejom za kuhanje, stavite ribu u jedan red na lim za pečenje.

Pomiješajte rajčice i preostale sastojke, prelijte smjesu preko fileta i kuhajte dvadeset dvije minute. Poslužite vruće.

Hranjivost (na 100 g): 322 kalorije 10 g masti 15 g ugljikohidrata 31 g proteina 493 mg natrija

www.ingramcontent.com/pod-product-compliance
Lightning Source LLC
Chambersburg PA
CBHW071427080526
44587CB00014B/1762